Stark und präsent auf leise Art

Susanne Dölz
Balda Seegert

1. Auflage

HAUFE.

Inhalt

Vorwort

Überlassen Sie die Bühnen dieser Welt eher anderen? Fühlen Sie sich im kleinen Kreis mit Vertrauten viel wohler als in der Öffentlichkeit? Arbeiten Sie lieber allein als in großen Teams? Dann ist dieser TaschenGuide genau das Richtige für Sie. Wir haben ihn für all die leisen Menschen geschrieben, die lieber im Hintergrund bleiben – und dabei oft mit ihren Fähigkeiten und Potenzialen von anderen übersehen werden.

Wir leben in einer Kultur, die geprägt ist von Selbstdarstellung und -vermarktung, Networking und oberflächlicher Kommunikation. Introvertierten, wie die Wissenschaft die leisen Menschen nennt, liegen diese Erfolgsfaktoren nicht, weil ihr Wahrnehmen, Denken, Fühlen und Handeln damit nicht in Einklang steht. Durch den scheinbaren Druck, anders sein zu müssen, fühlen sie sich oft hilflos und ziehen sich immer mehr zurück. Dieser TaschenGuide zeigt, dass Introversion kein Defizit, sondern eine Wesensart ist, die viele Vorzüge und Stärken hat. Er hilft Ihnen, den eigenen Handlungsradius zu erweitern, typische Hürden zu meistern, sichtbarer zu werden und die eigenen Interessen besser durchzusetzen – und dabei trotzdem authentisch zu bleiben.

Viele hilfreiche Erkenntnisse wünschen Ihnen

Susanne Dölz und Balda Seegert

Der besseren Lesbarkeit zuliebe haben wir bei Personenbezeichnungen das generische Maskulinum gewählt, das immer alle Geschlechter miteinbezieht.

Eine Klasse für sich: die stillen Menschen

Introvertierte scheuen das Getümmel in der Menge und den großen Auftritt im Fokus allgemeiner Aufmerksamkeit. Sie fühlen sich am wohlsten, wenn sie für sich oder in kleiner, vertrauter Runde sind. Gehören auch Sie zu diesen leisen Menschen, können Sie sich glücklich schätzen: Sie haben ganz besondere Stärken und Qualitäten.

In diesem Kapitel erfahren Sie u. a., dass Introversion

- keine Schwäche und keine Störung ist,
- ungemein nützlich sein kann,
- nichts mit Schüchternheit oder mangelndem Selbstwertgefühl zu tun hat.

Geschichten aus dem Alltag

Leise Menschen haben mit ihrer zurückhaltenden Art eigentlich selbst kein Problem – bis sie in Situationen wie die folgenden kommen.

REDEN IST SILBER, SCHWEIGEN IST ...

Christian Schlüter ist frustriert. Der IT-Spezialist war bislang in einer kleinen Beratungsfirma beschäftigt, in der seine Expertise gefragt und geachtet war. Seit sechs Monaten arbeitet er nun als Senior-Projektmanager für Digitalisierung bei einem großen Konzern. Ein Karrieresprung, wie er dachte. Doch in dem neuen Umfeld kommt Christian mehr schlecht als recht klar. Fachlich hat er keine Probleme, im Gegenteil. Doch wenn es darum geht, seine Ideen im großen Bereichsmeeting zu präsentieren, zieht er regelmäßig den Kürzeren: Während Christian noch überlegt, ob er jetzt etwas sagen soll und wie, preschen die anderen Projektmanager vor. Alle Diskussionen kreisen um deren Projekte. Christian bleibt deswegen meist nur noch wenig Zeit am Ende des Meetings, um auch seine Arbeit zu präsentieren. Sein Chef ist schon sauer, weil es dadurch so aussieht, als würde seine Abteilung nichts Produktives auf die Reihe bekommen.

So wie Christian Schlüter geht es vielen eher Introvertierten. In größeren Gesprächsrunden kommen sie zu wenig zum Zuge. Die Folge: Ihr Umfeld hat sie mit ihren Leistungen und Kompetenzen nicht auf dem Radar und ihre Anliegen fallen unter den Tisch. Das Spiel um die Hackordnung ist sowieso verloren. Wer hier nichts ändert, verzichtet auf Einfluss- und Gestaltungsmöglichkeiten.

DIE IM DUNKELN SIEHT MAN NICHT

Laura Busse hat vor vielen Jahren als Quereinsteigerin bei einer Frauenzeitschrift angefangen. Inzwischen ist sie Redaktionsassistentin und arbeitet im Team mit drei anderen Assistentinnen. Der Job macht ihr viel Spaß, denn zu den Routineaufgaben kommen immer wieder aktuelle Projekte hinzu und auch kleinere Artikel und Meldungen fallen in die Zuständigkeit des Teams. Leider sind Lauras Kolleginnen viel offensiver als sie: Regelmäßig bekommt diejenige die interessantesten Aufgaben, die sich am lautesten und beharrlichsten dazu meldet. Laura hat keine Lust mehr, als »Resteverwerterin« auf den unattraktiven Jobs sitzenzubleiben. Sie befürchtet auch, dass sie von Vorgesetzten und Kollegen als nicht so kompetent wie die anderen Assistentinnen wahrgenommen wird, weil sie gar nicht zeigen kann, was sie alles draufhat.

Kennen Sie das? Persönliches Harmoniebedürfnis und falsche Rücksichtnahme führen dazu, dass Introvertierte ihre Interessen nur zart zu erkennen geben – wenn überhaupt. Die Konsequenz: Sie werden eher als bequeme Mitläufer eingeschätzt, die leicht zufriedenzustellen sind. Wer im Wettrennen um interessante Aufgaben und einen kompetenten Ruf mitmischen will, muss seine Interessen und Forderungen deutlich vertreten.

DIE GROSSE KUNST DES KLEINEN GESPRÄCHS

Florian Wagner arbeitet in der Produktentwicklung einer großen Versicherung. Immer wenn ein neues Versicherungsprodukt eingeführt wird, müssen alle Vertriebspartner geschult werden. Bei dieser Aufgabe kann Florian seine Stärken voll ausspielen: Da er sich stets äußerst gründlich vorbereitet und jedes Detail der oft recht komplexen Produkte im Kopf hat, kann er die teils bohrenden Fragen der sehr selbstsicheren Vertriebler – allesamt Inhaber von Versicherungsagenturen – aus dem Stand beantworten. Bauchschmerzen bereiten ihm allerdings die informellen Gespräche in den Pausen und am Abend der Schulungsveranstaltungen. Da weiß er nie, was er sagen soll, und steht stumm in der Gegend herum. Florian hat den Eindruck, dass er deshalb trotz seines Fachwissens von den Vertrieblern nicht akzeptiert wird.

Wie Florian geht es vielen Vertretern der leisen Töne: Trotz hervorragenden Fachwissens wirken sie auf dem sozialen Spielfeld unbeholfen und unsicher. Die aktive Kontaktaufnahme zu fremden Menschen und scheinbar belangloses Geplauder sind für sie nämlich so angenehm wie ein Zahnarztbesuch. Die anderen Menschen spüren das und bleiben auf Distanz. Dabei sind gute informelle Kontakte oft die Basis für beruflichen Einfluss und Entscheidungen im eigenen Sinne.

BESCHEIDENHEIT IST EINE ZIER, DOCH WEITER KOMMST DU OHNE IHR ...

Stefanie Diel arbeitet bei einer großen Hausverwaltung. Das Unternehmen kümmert sich um große Wohnimmobilien mit vielen Mietparteien. Stefanies Aufgabengebiet ist vielfältig und anspruchsvoll. Für die Instandhaltung der Häuser ist die Immobilienkauffrau ebenso verantwortlich wie für die Betreuung der Mieter und die Neuvermietung von freiwerdenden Wohnungen. Stefanie ist fleißig und gewissenhaft, packt tatkräftig jedes Problem an und arbeitet sehr selbstständig. Trotzdem geht es karrieremäßig nicht weiter. Die Firma baut gerade das Geschäft mit Gewerbeimmobilien auf. Stefanie hatte gehofft, dass die Geschäftsführung ihr aufgrund ihrer Leistungen einen lukrativeren Job im Gewerbebereich anbieten würde. Aber das Angebot ist an ihre Kollegin Julia gegangen, die immer so ein Getöse um jede kleine Sache macht, die sie erledigt. Meine Güte, was für eine Wichtigtuerin! Wenn Stefanie das täte, käme sie vor lauter Schaulaufen nicht mehr zum Arbeiten. Wenn der Chef sie nach dem Stand der Dinge fragt, berichtet Stefanie kurz und knapp die wichtigsten Fakten – und gut ist es. Sie kann nicht verstehen, warum manche so einen Wirbel um alles machen, was sie tun.

Für leise Menschen gehört Klappern definitiv nicht zum Handwerk. Schon gar nicht, wenn die eigenen Leistungen nicht mindestens nobelpreisverdächtig sind. Stattdessen warten Introvertierte eher darauf, dass andere ihnen sagen, dass sie gut sind und von alleine anbieten, was sie sich wünschen. Wer nicht (vergeblich) warten will, muss diese Strategie ändern.

ALLEIN UNTER WILDEN?

> Marco Finke kommt sich an seinem Arbeitsplatz vor wie ein exotisches Wesen. In der Werbeagentur, in der er als Grafiker arbeitet, fühlt er sich umzingelt von Selbstdarstellern und Schaumschlägern. Alle erzählen pausenlos von ihrer Arbeit und ihren Projekten. Normale Resultate werden hochgetunt zu bahnbrechenden Erfolgen, und als ob das noch nicht genug wäre, berichten die Kollegen ständig von ihren sportlichen Aktivitäten, welche Action nächstes Wochenende läuft, wer in Familie oder Freundeskreis mit wem Krach oder Probleme hat und warum und so weiter und so fort. Nervig. Marco dagegen bleibt still und macht einfach seine Arbeit, und das gut, auch wenn das niemanden zu interessieren scheint. Sein Chef hat ihn beim Jahresgespräch darauf hingewiesen, dass er mehr Präsenz zeigen müsse. Sonst mache er sich im Team zum Außenseiter und sei als interner Dienstleister nicht so gefragt wie andere Grafiker. Auch bei den Kunden müsse er etwas offensiver auf die Leute zugehen, sonst nähmen die ihn nicht auf Augenhöhe wahr. Marco fragt sich: Spinnen die alle oder stimmt etwas nicht mit mir?

Bewundern oder bemitleiden? Zwischen diesen Extremen schwanken viele leise Menschen, wenn sie auf Vertreter der lauten Töne, die Extrovertierten, treffen. Es nagt schnell am Selbstvertrauen, wenn man merkt, dass die Extrovertierten leichter von anderen wahrgenommen und anerkannt werden. Sie pauschal als Wichtigtuer und Lautsprecher abzuwerten, hilft aber nicht weiter. Besser ist es, im Bewusstsein der eigenen Qualitäten auf Augenhöhe zu agieren und mehr Präsenz zu zeigen durch »niedrigdosierte« extrovertierte Verhaltensweisen. Wer dann mehr Akzeptanz und Wertschätzung zurückbekommt, findet sogar Spaß daran.

Introversion: Was ist das eigentlich?

Stille Menschen sind keine Ausnahmeerscheinungen, keine Problemfälle mit geringem Selbstwertgefühl, keine Mauerblümchen, keine Menschen, die nichts zu sagen haben, keine Loser. Stille Menschen sind einfach – introvertiert.

Doch was ist Introversion genau? Der Begriff »Introversion« bezeichnet eine Persönlichkeitseigenschaft und geht auf den Schweizer Psychoanalytiker Carl Gustav Jung zurück. Im Jahr 1921 beschrieb er damit die spezifische Art und Weise, in der manche Menschen denken, fühlen und intuitiv die Welt erfassen. Im Gegensatz dazu steht die Extraversion.

> Profis sprechen von »Extraversion«. In der Fachwelt gibt es nämlich »Extroversion« nicht, das Wort »extrovertiert« aber schon.

Bis heute haben viele Persönlichkeitsforscher dieses Konzept aufgegriffen und weiterentwickelt. Eine einheitliche Definition gibt es nicht. Daher fassen wir hier pragmatisch wesentliche Konzepte zusammen.

Eine Frage der Einstellung?

Introversion und Extraversion sind innere Grundeinstellungen, aus denen heraus Menschen auf ihre Umwelt reagieren und mit ihr umgehen.

Introvertierte richten ihre Aufmerksamkeit und Energie eher nach innen, während es bei eher extrovertierten Menschen genau andersherum ist: Ihr Fokus liegt auf der Außenwelt.

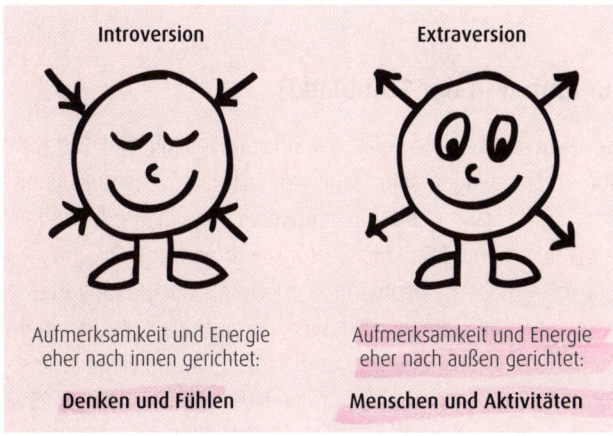

Introversion

Extraversion

Aufmerksamkeit und Energie
eher nach innen gerichtet:

Denken und Fühlen

Aufmerksamkeit und Energie
eher nach außen gerichtet:

Menschen und Aktivitäten

Introvertierte und Extrovertierte unterscheiden sich also im Hinblick auf den Fokus, mit dem sie der Welt begegnen. Aus diesen Grundeinstellungen ergeben sich spezifische Verhaltensvorlieben: Ein Mensch, der tendenziell mehr auf seine inneren Prozesse konzentriert ist, verhält sich anders als jemand, der bei Trubel und jeder Menge Interaktion mit der Außenwelt aufblüht.

Bei diesen gegensätzlichen Orientierungen handelt es sich nicht um erlernte Denkgewohnheiten und Verhaltensweisen, sondern um eine Veranlagung, die uns einfach mitgegeben ist. Aus der Alltagserfahrung weiß jeder: Aus einem introvertierten

Menschen macht man keinen »Hoppla-jetzt-komm-ich«-Typen, aus einem extrovertierten Menschen keinen, der sich am liebsten im stillen Kämmerlein mit seinen Gedanken und Interessen beschäftigt.

Für immer in der Schublade?

Vielleicht denken Sie jetzt: »Wenn Introversion und Extraversion Veranlagungen sind, dann kann ich ja sowieso nichts daran ändern. Dann gehöre ich entweder zur stillen oder zu lauten Fraktion und dabei bleibt es.« Falsch gedacht! Die meisten Menschen haben sowohl introvertierte als auch extrovertierte Seiten. Introversion und Extraversion sind als Pole in einem Kontinuum zu verstehen, in dem jeder eine individuelle Position einnimmt. Als deutlich introvertiert gelten ca. 20 bis 25 % der Menschen. Vermutlich gilt das Gleiche für Extravertierte; der Rest verteilt sich im Mittelbereich. Vertreter dieser Mitte nennen wir zentrovertiert – in der Fachliteratur spricht man auch von ambivertiert.

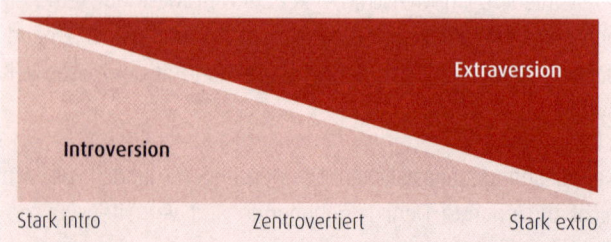

Das Intro-Extro-Kontinuum (nach Patrick Hundt: Kopfsache, S. 33)

Wir können auch anders!

Jeder Mensch hat also introvertierte und extrovertierte Persön-
lichkeitsfacetten. Je nach Situation werden in uns unterschiedliche Facetten aktiviert. Damit ist unsere Position nicht festze-
mentiert, sondern in einem bestimmten Ausmaß variabel. Zwar
gibt es einen Bereich, in dem wir uns am wohlsten fühlen, aber
wir können diesen auch ausdehnen, wenn wir wollen. Der Au-
tor Patrick Hundt, der selber introvertiert ist, nennt diese Zone
den Sweet Spot.

Den Begriff »Sweet Spot« kennt man auch in anderen Berei-
chen, und zwar im Sport, in der Musik und auch in der Physik.
Er bezeichnet eine Zone der Effektivität, in der eine optimale
Wirkung erzielt wird.

LUST ODER FRUST: DER SWEET SPOT BEIM GOLFSPIEL

> Im Golfsport ist der Sweet Spot ein bestimmter Punkt auf der Schlag-
> fläche des Schlägers. Trifft der Golfspieler den Ball mit dem Sweet
> Spot, wird die maximale Energie aus dem Schwung auf den Ball wei-
> tergeleitet. Damit holt der Spieler die größtmögliche Reichweite aus
> dem Schlag. Als Zuschauer und Golf-Laie erkennt man so einen Ide-
> alschlag am glückseligen Strahlen des Spielers. Trifft der Ball diesen
> Punkt hingegen nicht, tritt ein Energieverlust ein: Der Ball fliegt kurz
> und oft leider auch in die falsche Richtung.

Der Sweet Spot für Introvertierte

Viele introvertierte Menschen machen die Erfahrung, dass sie
aufgrund ihrer Wesensart in manchen Situationen nicht das
erreichen, was sie sich wünschen. Wohlgemerkt: in manchen
Situationen – nicht in allen. Es gibt nämlich kein Verhaltens-

muster, das immer richtig oder immer falsch ist. Jeder weiß aus eigener Lebenserfahrung: Es kommt auf die Situation an.

BEISPIEL

Tanja ist im Freundeskreis sehr beliebt. Nicht weil sie die Freizeit-Enter-tainerin spielt, die alle mit lustigen Geschichten unterhält oder zu im-mer neuen Aktivitäten animiert, sondern weil sie eine gute Zuhörerin ist, an die sich alle gerne wenden, wenn sie etwas Ernsthaftes be-sprechen wollen. Der Freundeskreis beschreibt Tanja als eher zurück-haltend. Alle spüren, dass sie sich für sie und ihre Belange interessiert und schätzen die Substanz im gemeinsamen Austausch. Sie fühlt sich in ihrer Rolle als Zuhörerin wohl. Sie muss nicht ständig von sich er-zählen, sondern kann anderen den Raum geben, den sie brauchen.

In ihrem Job sieht es ein wenig anders aus. Tanja arbeitet als Verkaufs-leiterin in einem Autohaus. Aktuell gibt es dort Zündstoff. Bisher waren die Verkäufer es gewohnt, im Autohaus auf die überwiegend private Klientel zu warten. Tanja möchte aber mehr Firmenkunden gewinnen. Daher sollen die Verkäufer künftig auch den Außendienst übernehmen und Unternehmen in der Region besuchen.

Im Meeting bespricht Tanja das konkrete Vorgehen mit ihrer Mann-schaft. Zwei jüngere Verkäufer sind sehr motiviert, denn sie sehen für sich die Chance, an interessante Kunden zu kommen. Die ande-ren bringen sofort Gründe vor, warum die neue Strategie nicht funk-tioniert. Tanja hört erst einmal zu, um herauszufinden, wo wirklich Probleme liegen. Doch ein Kollege nörgelt pausenlos und steckt alle anderen mit seiner Negativität an. Jetzt spricht Tanja Klartext. Sie zeigt nochmals auf, warum es keine Alternative zu ihrer Strategie gibt, wel-che Ziele sie verfolgt und was sie dazu von ihrer Mannschaft erwartet. Sie macht unmissverständlich klar: Es wird einen Außendienst geben, gleichzeitig aber auch Spielräume bei der – hoffentlich gemeinsamen – Gestaltung.

Souverän durch Plan B

Die Fähigkeit, intensiv zuzuhören und die Dinge aus der Perspektive anderer zu betrachten, ist prinzipiell eine Stärke. Wenn diese aber nicht ergänzt wird durch die Fähigkeit, die eigenen Interessen kraftvoll zu vertreten, wird die Stärke über kurz oder lang zur Schwäche.

Tanja aus dem Beispiel oben fühlt sich aufgrund ihres Naturells in der Rolle der Zuhörerin ausgesprochen wohl. Sie könnte ihre Rolle als Verkaufsleiterin aber nicht angemessen ausfüllen, wenn sie auf diese Wohlfühlzone festgelegt wäre. Sie kann ihr Verhalten jedoch ändern, wenn es die Situation erfordert, auch wenn das manchmal anstrengend ist.

Komfort- und Wahlverhalten

Wir können unsere Verhaltensvorlieben als unser Komfortverhalten bezeichnen. Darüber hinaus ist es nützlich, unser Verhaltensrepertoire zu erweitern, wenn wir mit unserem Komfortverhalten nicht ans Ziel unserer Wünsche kommen können. Dann entscheiden wir uns, etwas anders zu machen, auch wenn es unbequem, herausfordernd oder gar beunruhigend ist. Das ist unser Wahlverhalten.

Die Zone, die uns Flexibilität zwischen Komfortverhalten und Wahlverhalten ermöglicht, in der wir uns aber insgesamt zu Hause fühlen, nennen wir Sweet Spot. Bewegen wir uns innerhalb dieses Sweet Spots, halten wir eine gute Balance zwischen unseren natürlichen Vorlieben und situativ angemessener Anpassung. Diese Zone bietet uns genügend Sicherheit und Energie, weil wir uns im Wesentlichen gemäß unserer natürlichen Veranlagung verhalten.

Der Sweet Spot ermöglicht uns, Situationen effektiv zu bewältigen und ein Leben nach unseren Bedürfnissen zu leben. Introvertierte, Extrovertierte, Zentrovertierte – alle haben ihren Sweet Spot. Er sieht nur jeweils anders aus.

Ich will (fast) so bleiben wie ich bin

Wer als introvertierter Mensch mehr Präsenz und Gehör finden will, muss sich nicht verbiegen und sich als Extrovertierter tarnen. Er sollte sich vielmehr überlegen, wie er seine Handlungsspielräume im Rahmen seiner Persönlichkeitsstruktur vergrößern kann. Dazu gehört es, etwas »Extroversisch« zu lernen, ohne dies gleich zur Muttersprache zu erheben.

> Der Sweet Spot ist die Zone, in der wir unser Verhalten im Rahmen unseres Naturells variieren können. Wir bewegen uns dabei zwischen dem Wohlfühlverhalten, das unserer Wesensart entspricht, und dem Wahlverhalten, das den Erfordernissen der Situation entspricht.

Extrovertiertheit als Ideal in Gesellschaft und Wirtschaft

Das Bild vom erfolgreichen Menschen wird momentan in den westlichen Gesellschaften vom Bild des Extrovertierten dominiert: Man betreibt Selbstmarketing und zeigt sich und seine

Stärken, man unterhält viele soziale Kontakte und ist ständig irgendwo präsent, face-to-face oder via Social Media, man ist unternehmungslustig und engagiert sich in vielfältigsten Aktivitäten. Man schreit »Hurra« bei Neuigkeiten und Veränderungen. Je mehr es davon gibt, desto besser – schließlich ist man innovationsfreudig. Man gibt sich als Alphatier und zeigt anderen, wo es langgeht, oder ist zumindest teamfähig bis zum Anschlag. Man geht ohne langes Zögern Risiken ein und trifft zügig Entscheidungen, auch bei unklarer Informationslage ... und so weiter und weiter. Alles Dinge, bei denen sich Introvertierten eher die Nackenhaare sträuben.

Schon lange überfällig: eine neue Perspektive

Die amerikanische Juristin und Verhandlungstrainerin Susan Cain landete 2011 mit ihrem Buch »Still – Die Kraft der Introvertierten« auf Anhieb einen Bestseller, vermutlich, weil sie damit dem stillen Teil der Menschheit aus dem Herzen sprach. »Uns wird eingeredet, dass Menschen von Bedeutung eine forsche Art haben und dass Glück mit Kontaktfreudigkeit einhergeht«, schreibt Cain. Sie moniert, dass Introversion von vielen als Persönlichkeitsmerkmal der weniger Brauchbaren angesehen wird. Und sie warnt davor, das Ideal der Extraversion unkritisch zu übernehmen, auch deshalb, weil viele bedeutende Ideen, Entdeckungen, Kunstwerke u. a. von Introvertierten stammen.

Adam Grant, Professor an der Wharton School, der Business School der University of Pennsylvania, rät ebenfalls zur Differenzierung. Er stellte in einer Studie fest, dass Unternehmen, die von ihren Mitarbeitenden viel Eigeninitiative und Ideen verlangen, mit introvertierten Führungskräften profitabler arbeiten. Der Grund: Die Vorschläge und Initiativen der Mitarbeiter kommen mehr zum Zuge, weil die introvertierten Chefs besser zuhören und eher auf Ideen und Meinungen anderer eingehen. Grundsätzlich dürfte es auf den Aufgabenbereich und das konkrete Umfeld ankommen, ob Intro- oder Extravertierte dort besser aufgehoben sind.

Alles andere als Schlafmützen: Galerie der prominenten Introvertierten

Es gibt viele erfolgreiche Introvertierte. Sie sind sowohl trotz als auch wegen ihrer Introvertiertheit so erfolgreich! Hier eine kleine Auswahl von solchen, die zusätzlich auch prominent sind.

Clint Eastwood (Regisseur und Schauspieler), Angela Merkel (Bundeskanzlerin), Albert Einstein (Physiker), Barack Obama (ehemaliger US-Präsident), Steve Wozniak (Mitbegründer von Apple), Joanne K. Rowling (Autorin der Harry-Potter-Bücher), Steven Spielberg (Regisseur und Produzent), Mark Zuckerberg (Facebook-Gründer), Bill Gates (Mitbegründer Microsoft), Günter Jauch (Moderator), Theo Albrecht (einer der ALDI-Gründer), Michael Jackson (Poptitan), Bruno Ganz (vielfach ausgezeichneter Schauspieler), Larry Page (Google-Gründer), George Soros (US-Großinvestor, Privatvermögen 25 Mrd. US-Dollar), Frédéric Chopin (Komponist), Corinna Harfouch (Schauspielerin), Avril

Lavigne (Pop-Sängerin), Mahatma Gandhi (Widerstandskämpfer, Morallehrer), Harald Krüger (Vorstandsvorsitzender BMW), Frank-Walter Steinmeier (Bundespräsident), Ludwig van Beethoven (Komponist), Anna Wintour (Chefredakteurin der US-Vogue).

BEISPIEL: ALBERT EINSTEIN

Aus Albert Einsteins Grundschulzeugnis: »Das Kind Albert ist etwas zurückgeblieben. Es braucht zu lange für seine Antworten. Andere Kinder sind viel schneller.«

(Paola Mazzetti, Nichte von Albert Einstein, in der Süddeutschen Zeitung vom 24.08.2017)

Typisch! Introversion und Extraversion im Vergleich

Der entscheidende Unterschied: Introvertierte gewinnen ihre Kraft aus ihren inneren Prozessen, Extrovertierte aus dem Umgang mit anderen Menschen. Entsprechend liegt den Introvertierten die Reflexion näher als das Handeln, bei den Extrovertierten ist es umgekehrt.

Aus diesen Grundorientierungen ergeben sich typische Muster, wie die Tabelle zeigt.

Introversion	Extraversion
Aufmerksamkeit und Energie	
• eher nach innen gerichtet: Denken und Fühlen	• eher nach außen gerichtet: Menschen und Aktivitäten
• Gedanken erst gründlich verarbeiten, bevor man sie ausspricht	• Gedanken spontan aussprechen und schauen, was passiert
• Aufmerksamkeit arbeitet mit Zoom-Perspektive: geht gern in die Tiefe	• Aufmerksamkeit arbeitet mit Weitwinkel-Perspektive: ist auf Vielfalt und Überblick gerichtet
Stimulation	
• sensibler für Stimulation, braucht deshalb weniger Anregung von außen und kann sich gut selbst beschäftigen	• braucht mehr Stimulation von außen, sonst wird es schnell langweilig
• schnell überstimuliert, wenn zu viele Reize von außen auf ihn einströmen	• liebt Unruhe, Trubel und Geselligkeit, Abwechslung
• höhere Aktivität des Botenstoffs Acetylcholin im Gehirn: löst größeres Bedürfnis nach Sicherheit und Berechenbarkeit aus	• höhere Aktivität des Botenstoffs Dopamin im Gehirn: Belohnungszentrum wird stärker getriggert: der Mensch reagiert begeistert, angeregt, euphorisch
Energiegewinnung und Regeneration	
• muss Stimulation von außen herunterfahren	• viel Stimulation durch Interaktion mit der Außenwelt
• Akku wird in der Ruhe aufgeladen: sich eigenen Gedanken widmen, allein sein, ruhige Umgebung	• Akku wird durch Umwelt aufgeladen: aufregende Erlebnisse, Action und Entertainment, am besten zusammen mit anderen
• Geselligkeit in kleiner Runde, am besten mit vertrauten Freunden	• Geselligkeit in großen Gruppen, viele Kontakte, auch mit unvertrauten Menschen

Introversion	Extraversion
Verhalten in Gruppen	
• zieht tendenziell passives Beobachten dem Handeln vor • wirkt still, zurückhaltend, ruhig, manchmal reserviert und distanziert • braucht persönlichen Raum und Abstand	• empfindet Austausch und Handeln in Gruppen als anregend • wirkt gesprächig, enthusiastisch, energisch, manchmal offensiv und distanzlos • braucht wenig persönlichen Raum
Verhalten bei der Arbeit	
• arbeitet gerne allein oder mit wenigen anderen • arbeitet am liebsten gründlich an einer Sache am Stück • findet Details wichtig • kann zielstrebig und konzentriert dranbleiben, auch bei komplizierten Aufgaben oder langen Prozessen	• arbeitet gerne gemeinsam mit anderen im Team • arbeitet am liebsten abwechselnd an verschiedenen Themen und Projekten • findet unkomplizierte Informationen wichtig, gerne auch nur überblicksartig • empfindet Dranbleiben bei komplizierten Aufgaben oder langen Prozessen mühsam und nervig

In Anlehnung an Sylvia Löhken: Leise Menschen – starke Wirkung, S. 41 ff.; Chris Wolf: Überzeugend leise!, S. 22

Sind Introvertierte einfach schüchtern?

Introversion ist nicht gleichbedeutend mit Schüchternheit, obwohl viele Schüchterne auch introvertiert sind.

Schüchtern sind die Menschen, die im Kontakt mit unvertrauten Personen extrem verunsichert sind. Sie ziehen sich zurück,

schützen. Das trifft auch auf manche Introvertier-
, aber nicht auf alle. Auch unter den Extrovertierten gibt
es schüchterne Menschen. Schüchternheit geht einher mit der
Angst, abgelehnt oder gedemütigt zu werden, mit der Furcht
vor neuen, unvertrauten sozialen Situationen.

BEISPIEL

Martin Finke ist Diplom-Ingenieur und arbeitet bei einem Hersteller
für Heizungsanlagen. Er ist für die Erstellung von technischen Informa-
tionsblättern zuständig. Die Arbeit gefällt ihm ganz gut, nicht weil es
sein Traumjob ist, sondern weil er viel für sich alleine arbeiten kann.
Wenn er mit Kollegen zu tun hat, fühlt er sich meist so unwohl, dass er
sich kaum zu Wort meldet. Er hat Angst, dass er etwas Unpassendes
sagt und die anderen ihn nicht leiden können. Eigentlich hätte er gerne
mehr Kontakt zu den anderen. Er traut sich aber nicht.

Im Privaten ist es etwas besser. Zwar ist er auch hier alles andere als
ein Partylöwe. Er kann sich aber im Kreis von Menschen, die er schon
länger kennt und denen er vertraut, offener verhalten. Dennoch fühlt
er sich auch dort wie eine Randfigur, wenn er auf selbstbewusstere
Menschen trifft.

Einfach lieber für sich sein

Introvertierte Menschen haben im Gegensatz zu den Schüch-
ternen nicht grundsätzlich Angst vor anderen, sondern sind
einfach gerne für sich und können alleine konzentrierter und
kreativer arbeiten.

BEISPIEL

Sebastian Wolf ist Inhaber eines Handwerksbetriebs. Tagtäglich spricht er mit Kunden, verhandelt mit Lieferanten und leitet seine zehn Mitarbeiter an. Das macht ihm überhaupt keine Probleme. Er merkt nur: Wenn zu viele Leute um ihn herum sind, etwa bei der jährlichen Hausmesse, oder ein Gespräch auf das andere folgt, ist er schnell erschöpft. Dann braucht er eine Auszeit und zieht sich zurück, um wieder Kraft zu tanken.

Auch wenn er neue Projekte plant, braucht Sebastian Ruhe. Ideen sammelt er schon gerne im Team, aber wenn es ums genaue Ausarbeiten geht, macht er das lieber allein. Er kann einfach nicht richtig nachdenken, wenn er durch andere abgelenkt wird.

Viele Introvertierte kommen gut in sozialen Situationen zurecht. Sie sehnen sich allerdings nicht unbedingt nach Small Talk, Trubel und Menschenauflauf. Solche Situationen lassen Introvertierte schnell ermüden. Sie brauchen danach Zeit für sich selbst und den Rückzug in die eigene »Höhle«, um wieder aufzutanken.

Auf einen Blick: Eine Klasse für sich – die stillen Menschen

- Introvertierte richten ihre Aufmerksamkeit und Energie eher nach innen, während der Fokus von Extrovertierten eher im Außen liegt.
- Introversion ist kein Makel, keine Schwäche, auch wenn uns dies unsere Gesellschaft oft suggeriert. Sie ist eine Persönlichkeitseigenschaft, die mal stärker, mal schwächer ausgeprägt ist.
- Wer als introvertierter Mensch mehr Präsenz und Gehör finden will, muss sich nicht verbiegen und als Extrovertierter tarnen. Er kann jedoch seinen Handlungsspielraum ganz bewusst vergrößern, wenn er erkennt, dass ihm seine Introvertiertheit in bestimmten Situationen hinderlich ist.

Mehr Sichtbarkeit für Introvertierte

»Und man siehet die im Lichte, die im Dunkeln sieht man nicht«. Dieses Brecht-Zitat passt – auch wenn es aus einem anderen Kontext stammt – perfekt auf Introvertierte. Vertreter der leisen Töne bleiben abseits des Rampenlichts und haben deswegen ein Sichtbarkeitsproblem.

In diesem Kapitel erfahren Sie u. a.,

- warum es sich für Introvertierte lohnt, hin und wieder das Licht zu suchen,
- welche Sichtbarkeitsblockaden Sie dazu überwinden sollten,
- warum die Komfortzone dabei eine wichtige Rolle spielt.

Klappern gehört zum Handwerk: Zeigen Sie sich!

Testfrage: Wie heißt die Hauptstadt von Australien?

Wenn Ihnen jetzt Sydney oder Melbourne eingefallen ist, befinden Sie sich in bester Gesellschaft. So geht es nämlich vielen. Sydney ist schließlich mit ihren 4,9 Mio. Einwohnern die größte Stadt Australiens und hat ein Opernhaus, das auch den Nicht-Opernfans bekannt ist, und zwar wegen seiner sehr ungewöhnlichen Architektur. Melbourne ist mit 4,5 Mio. Einwohnern die zweitgrößte Stadt Australiens und zumindest jedes Frühjahr in den Nachrichten: Im Januar findet dort das Tennis-Grand-Slam-Turnier Australian Open statt, im März der Auftakt zur Formel 1, der Große Preis von Australien.

Dagegen fällt Canberra, die achtgrößte Stadt Australiens, stark ab. Canberra ist vergleichsweise klein mit 350.000 Einwohnern. Viel los ist da nicht. Es gibt keine Veranstaltungen von internationaler Bedeutung, das Wirtschaftsleben ist stark von der öffentlichen Verwaltung geprägt. Die Abende sind ruhig. Und so werden denn auch an Touristen T-Shirts verkauft, auf denen das Nachtleben als Schwarzes Loch dargestellt ist ... Es gibt also kaum Gründe, in den Schlagzeilen und damit in den Köpfen der Menschen aufzutauchen. Und trotzdem ist Canberra die Hauptstadt Australiens. Wenn Ihnen Canberra nun dennoch nicht als Erstes in den Kopf geschossen ist, hat die Stadt wohl ein Sichtbarkeitsproblem.

Viele Introvertierte teilen dieses Problem. Sie sind top im Job, aber das Umfeld nimmt nicht so recht Notiz davon. Der Grund: In der Arbeitswelt geht es auch darum, aufzufallen und seine Leistung und Potenziale zu präsentieren und zu inszenieren. Dazu muss man seine Besonderheiten und Leistungen herausstellen und bei anderen ins Gespräch bringen, kurz: sichtbar sein. Und genau damit tun sich Introvertierte naturgemäß schwer.

Sichtbarkeit, inzwischen wird auch oft der englische Begriff »Visibility« verwendet, bedeutet:

- von anderen gesehen und beachtet werden,
- anderen bekannt sein,
- das Maß, in dem man die allgemeine Aufmerksamkeit auf sich ziehen kann.

Ein Kinderspiel für Extrovertierte

Manchen Menschen fällt es sehr leicht, sich sichtbar für andere zu machen. Für Introvertierte ist es, sagen wir mal, eine Herausforderung.

BEISPIEL: DIE MEISTERIN DER SICHTBARKEIT

Für Kim Kardashian ist Sichtbarkeit ein Kinderspiel, das sie zwischen Zahnpastatube aufschrauben und Zähneputzen erledigt. Sollte es die Dame nicht auf Ihren Radar geschafft haben: Frau Kardashian ist im Hauptberuf Selbstdarstellerin, daneben Reality-TV-Starlet und Unternehmerin. Sie gehört zu den größten Social-Media-Stars weltweit und verdient Millionen mit ihren Apps. Verheiratet ist Kim Kardashian mit dem amerikanischen Musiker und Produzenten Kanye West, der ebenfalls ein Sichtbarkeitsprofi ist.

Extrovertierte bewältigen diese Anforderung mit Leichtigkeit, denn sie haben keine Mühe damit, vielfältigste Kontakte mit anderen Menschen zu initiieren und sehr präsent zu sein. Sie können auch mit Leichtigkeit in großer Runde spontan mitreden, selbst wenn sie sich nicht besonders gut mit einem Thema auskennen. Das alles hilft natürlich, Aufmerksamkeit zu bekommen, den eigenen Bekanntheitsgrad zu steigern. Und mit dieser Form der Selbstdarstellung werden Extrovertierte auch nicht automatisch als Nervensäge wahrgenommen, wie viele Introvertierte glauben.

Die Vorteile der Sichtbarkeit

1994 zeigte Howard Giles, ein amerikanischer Professor für Kommunikation und Sozialpsychologie, dass Menschen, die schnell und laut sprechen und insgesamt redefreudig sind, von ihrem Umfeld als klüger, kompetenter und sympathischer wahrgenommen werden als ihre stillen »Artgenossen«. Viele halten außerdem eher diejenigen für Führungspersönlichkeiten, die gerne reden und im Mittelpunkt der Aufmerksamkeit stehen.

Die Erkenntnisse aus der Gruppendynamik bestätigen diese Effekte:

- Menschen, denen von anderen positive Eigenschaften zugeschrieben werden, können sich besonders gut durchsetzen.

- Das Alphatier, also der Tonangebende in einer Gruppe ist die Person, die Initiative zeigt, stark nach außen gewandt ist und Status-Ansprüche deutlich macht, d.h. Einfluss nimmt, über

Ziele, Mittel und Wege (mit-)bestimmen will und sich nicht die Butter vom Brot nehmen lässt.

Sich verbiegen ist keine Lösung – nichts verändern aber auch nicht

Was heißt das nun für die Introvertierten? Sollen sie auf extrovertiert umschulen? Mitnichten! Es geht vielmehr darum,

- die kuschlige Wohlfühlzone der Lieblingsverhaltensmuster zu verlassen und den Sweet Spot zu vergrößern – nicht brachial in einer Art Befreiungsschlag, sondern in kleinen, aber wahrnehmbaren Schritten,

- sich nicht auf der Selbstdiagnose »Ich bin halt introvertiert« auszuruhen und die Schuld für das mangelnde Wahrgenommenwerden bei den anderen zu suchen, die sich angeblich von Oberflächlichkeiten und heißer Luft beeindrucken lassen.

BEISPIEL

Kathrin Grewe arbeitet in der internen Revision einer Versicherung. Seit ein paar Jahren ist sie in einem Team, das Grundsätze für das Qualitätsmanagement entwickelt. Kathrin fühlt sich dort gut aufgehoben: Mit den Kollegen kommt sie prima aus, die Arbeit ist anspruchsvoll und sie kann ihre Stärken als Introvertierte 100 % ausspielen. Viele Detailinformationen, Zahlenkolonnen, komplexe Prozesse – für sie kein Problem. Wenn sie allerdings weiterkommen möchte, wird es Zeit für eine Veränderung. Und da hat sie ein mulmiges Gefühl.

Im Fördergespräch gibt der Chef ihr den Rat, nicht nur im Strom mitzuschwimmen, sondern sich stärker zu profilieren. Er macht ihr den Vorschlag, als Leiterin eine Arbeitsgruppe zu übernehmen, die ein innovatives Personalentwicklungsprogramm für die interne Revision in der Versicherungsbranche erarbeiten soll. Dabei könne sie nicht nur mit

Kollegen aus anderen Versicherungen zusammenarbeiten, sondern hätte auch viele Gelegenheiten, sich anderen Bereichen zu präsentieren. Kathrin stockt erst der Atem, dann antwortet sie reflexartig: »Das ist doch nichts für mich!« Sie hat Angst, weil sie ihr Komfortverhalten in dieser Arbeitsgruppe nicht beibehalten kann. »Das passt einfach nicht zu mir, dazu bin ich zu introvertiert«, denkt sie. »Ich bin doch nicht verrückt und arbeite mit irgendwelchen Wichtigtuern zusammen, die allen ständig zeigen müssen, was für tolle Ideen sie haben«, sagt sie ihrem Freund. Und tief drinnen spürt sie: Einerseits reizt sie die Aufgabe, andererseits erfüllt sie der Gedanke an viele neue Leute und Präsentationen vor unbekannten Gruppen mit Panik.

Persönliches Wachstum und berufliche Entwicklung sind nichts, was nur Extrovertierten mit ihrer Freude an Veränderung und Abwechslung gelingt. Introvertierte können das genauso gut. Sie dürfen nur ihre Introversion nicht als Ausrede dafür nutzen, den bequemen Weg zu gehen und sich neuen Herausforderungen gar nicht erst zu stellen. Angst lässt sich nur überwinden, indem man die beängstigenden Dinge tut. Genauso wie man Schwimmen nur lernt, wenn man ins Wasser steigt.

Raus aus dem Tarnanzug!

Streifen Sie Ihren Tarnanzug ab und sorgen Sie dafür, dass Ihr Umfeld Sie wahrnimmt. Nicht, indem Sie etwas vorspielen, sondern indem Sie zeigen, wer Sie sind!

Reflektieren Sie für sich die folgenden Fragen
1. Was würde ich gewinnen, wenn ich zukünftig sichtbarer wäre als heute?
2. Was müsste ich dafür einsetzen? Was müsste ich dafür ändern? Worauf müsste ich eventuell verzichten?

Reflektieren Sie für sich die folgenden Fragen
3. Was geschieht, wenn alles so bleibt, wie es ist?
4. Was tue ich heute bereits dafür, von anderen Menschen wahrge-nommen zu werden?
5. Was davon ist besonders erfolgreich? Was möchte ich daher verstärken und ausbauen? In welchen Situationen?
6. Was ist weniger erfolgreich? Was überhaupt nicht? Was kann ich also zukünftig lassen, weil es nicht viel bringt?
7. Welche Verhaltensweisen beobachte ich bei anderen, die ihnen regelmäßig Aufmerksamkeit und Gehör verschaffen?
8. Welche dieser Verhaltensweisen könnte ich mal für einen Tag oder eine Woche ausprobieren, um zu sehen, ob sie auch zu mir passen? In welchen Situationen?
9. Sollte ich für dieses Experiment die Verhaltensweisen 1:1 überneh-men oder empfiehlt sich – erst einmal – eine andere Dosierung? Wie würde das konkret aussehen?
10. Woran würde ich merken, dass diese Verhaltensweisen mir und meiner Sichtbarkeit guttun?

Typische Sichtbarkeitsblockaden

Wer sich ins Licht der Aufmerksamkeit anderer begibt, wird ge-sehen. Wenn sie ehrlich zu sich selbst sind, wollen viele intro-vertierte Menschen aber gar nicht gesehen werden. Der Grund: Introvertierte neigen häufig dazu, sich zu unterschätzen. Und wenn man selbst nicht ganz zufrieden mit sich ist, muss man nicht auch noch andere auf die vermeintlichen Schwächen auf-merksam machen. Für diese mangelnde Selbstakzeptanz gibt es unterschiedliche Hintergründe.

Blockade Nr. 1: sich mit dem extrovertierten Erfolgsmodell vergleichen

In Amerika und in Europa gibt es ein gesellschaftliches Ideal: Wer erfolgreich sein will, sollte ein Macher sein, jemand, der Dinge in die Hand nimmt und vorantreibt, der ohne Zagen und Zaudern mit dem ständigen Wandel mitgeht und mithält, der trotz zunehmender Komplexität und Ungewissheit in der (Arbeits-)Welt immer noch weiß, wo es langgeht, der keine Angst hat. Gleichzeitig muss dieser Idealtypus die eigene Wirkung auf andere im Griff haben, am besten gleich ein Charismatiker sein (selbstverständlich authentisch), der sein Umfeld immer wieder staunen lässt und mitreißt und zum Vorbild taugt.

Zusätzlich steigt, bedingt durch die sozialen Medien, der Druck, kommunikativ immer am Ball zu sein und unterhaltsamen Inhalt zu liefern, der dann auch von anderen geliked und retweetet wird. Das Motto »Ich habe jede Menge Online-Freunde und Follower, also bin ich geschätzt und interessant«, würde zwar bei klarem Verstand niemand unterschreiben, unterschwellig empfinden viele aber den Druck, da irgendwie mitzuhalten.

Auch andere Wege führen nach Rom

Wenn Sie als introvertierter Mensch die letzten beiden Abschnitte gelesen haben, werden Sie vermutlich wenig vom dort beschriebenen »Idealbild« in sich selbst wiedergefunden haben. Ging es Ihnen auch so? Dann haben Sie ein Problem. Und dieses Problem liegt keinesfalls darin, dass Sie nicht so sind wie beschrieben. Das wirkliche Problem ist der Vergleich an sich.

In diesem Vergleich schneidet jeder Introvertierte schlecht ab – und wird damit zum Defizit auf zwei Beinen. Unter uns: In diesem Vergleich schneidet jeder schlecht ab, der kein Superheld ist. Und damit setzt so ein Vergleich nicht nur vollkommen falsche Maßstäbe. Er blendet auch aus, dass es noch andere Wege gibt, gut und erfolgreich durchs Leben zu kommen.

So bremsen Sie sich systematisch aus

Wer sich als Introvertierter häufig mit dem extrovertierten Ideal vergleicht, erlebt sich zwangsläufig als Mangelwesen. Dadurch leidet auf Dauer die Selbstakzeptanz:

- Man weiß und erlebt immer wieder, dass man dieses Ideal nicht erfüllen kann.

- Man verliert die eigenen Qualitäten aus dem Blick. Auf diese Weise versiegt eine wichtige Quelle für Selbstsicherheit und Selbstwertgefühl.

- Man macht sich bei sozialen Kontakten kleiner als man ist, weil man sich mit all seinen vermeintlichen Mängeln nicht aus der Deckung traut – und dann auch prompt übersehen wird. Ein klarer Fall von Sich-selbst-erfüllender-Prophezeiung!

> Die Blockade überwinden:
> Sie sind, wer Sie sind. Niemand anders. Stehen Sie zu sich selbst!

Blockade Nr. 2: Das Nobelpreis-Prinzip

Würde sich ein Windhund dafür loben, dass er so schnell laufen kann? Vermutlich nicht. Er würde sagen, dass das nichts Besonderes ist, dass das jeder Windhund kann, weil es ihm angeboren und damit normal für ihn ist. Eine Schildkröte hingegen würde die Sache etwas anders sehen. Für sie wäre es zwar normal, ihr Haus mit sich zu tragen und jederzeit Schutz darin suchen zu können. Aber schnell laufen? Für den Windhund wiederum wäre es eine echte Überforderung, seine Hundehütte permanent mit sich herumschleppen zu müssen. Bei den Menschen verhält es sich ähnlich: Was für den einen eine Selbstverständlichkeit ist, weil er es einfach gut kann, ist für den anderen eine Stärke und eine besondere Leistung.

Ist doch alles selbstverständlich ...

Introvertierte haben ein ähnliches Verhältnis zu ihren Stärken: Weil ihnen bestimmte Dinge besonders leichtfallen, halten sie das für nichts Besonderes. Ihre Leistungen würden sie erst dann anerkennen, wenn sie sich, überspitzt formuliert, auf Nobelpreis-Niveau bewegen. Das geht Extrovertierten im Übrigen oft ganz genauso. Aber bei Introvertierten führt es in Kombination mit ihrer zurückhaltenden Art dazu, dass sie die mit diesen Stärken erzielten Erfolge unter den Teppich kehren und es peinlich finden, wenn andere sie darauf ansprechen.

Blut, Schweiß und Tränen – oder: Das Leben ist kein Ponyhof

Verschärft wird dieser Effekt durch die verbreitete Auffassung, dass nur diejenigen Resultate einen Wert haben, die entweder durch höchste Anstrengung und Entbehrung erzielt wurden, oder durch überragende Qualität überzeugen. »Sei perfekt«, oder: »Streng dich an«, lauten die meist unbewussten Überzeugungen, die dahinterstecken. Eine Nummer kleiner gilt nicht. Und so fallen auch hier viele Fähigkeiten und Erfolge unter den Tisch.

Und was soll man dann noch ins Licht der Aufmerksamkeit rücken, wenn das meiste von dem, was man zu bieten hat, diese Aufmerksamkeit scheinbar gar nicht wert ist? Wer dann noch dem allgemeinen Bescheidenheitsdiktat gehorcht, wonach Eigenlob angeblich stinkt, landet endgültig in einem sehr schattigen Abseits.

> Die Blockade überwinden:
> Würdigen Sie Ihre spezifischen Qualitäten und persönlichen Erfolge!

Blockade Nr. 3: Perfektionismus

Introvertierte sind durch ihre Neigung zu Gründlichkeit und Tiefe, ihre Vorliebe für Details sowie ihr hohes Sicherheitsbedürfnis besonders »gefährdet«, perfektionistische Ansprüche an sich selbst zu entwickeln. Und wo der Perfektionismus ist, ist auch der Selbstzweifel zu Hause. Natalie Schnack nennt es das »Nie-Genug-Prinzip«, das Introvertierte (und auch viele Extrovertierte) daran hindert, den Tarnanzug abzulegen und sich anderen selbstbewusst und ohne viel Wenn und Aber zu zeigen. Dahinter steckt »die Angst, nicht zu genügen, schlechter zu sein als andere und deshalb abgelehnt zu werden« (Natalie Schnack: Leise überzeugen; S. 32).

Das kontinuierliche Verbesserungsprojekt

Und so drehen Introvertierte lieber noch eine Runde mehr: noch mehr Reflektieren, Lernen, Optimieren. Damit verbunden ist die Hoffnung, irgendwann genug reflektiert, gelernt und optimiert zu haben, um sich dann endlich an das Licht der Öffentlichkeit wagen zu dürfen.

Natalie Schnack nennt typische Denkfallen für diese Art von Perfektionismus:

- Erst wenn ich noch … habe oder kann, dann kann ich auch …
- Solange ich … noch nicht kann, darf ich nicht … /sollte ich lieber …
- Entweder kann ich das so wie mein Vorbild … oder gar nicht.

Da der Introvertierte lieber auf Nummer sicher geht, legt er die Messlatte, wann etwas gut genug ist, gerne etwas höher an als andere. Dadurch steigen der Erfolgsdruck und auch die Angst zu scheitern. Am Ende bleibt man doch lieber in der Komfortzone und im stillen Kämmerlein: Dort setzt man sich gar nicht erst der Kritik und dem Spott anderer aus.

> Die Blockade überwinden:
> Nicht alles ist eine Operation am offenen Herzen. Gut ist gut genug!

Raus aus der Komfortzone – rein in die Komm-vor-Zone

Der Mensch ist ein Gewohnheitstier. Wir schätzen all die Dinge, die uns vertraut sind und von denen wir wissen, dass uns von ihnen keine Gefahr droht. Deshalb machen wir am liebsten die Dinge, die wir schon immer so oder so ähnlich gemacht haben. Das ist unsere Wohlfühlzone.

Das Gewohnte ist für alle wichtig

Wer die Vorliebe für Gewohntes als psychologisches Strickmuster von bräsigen Bequemlichkeitsfanatikern abtut, irrt. Dieser Mechanismus ist tief in uns verankert und stammt aus den Urzeiten der Evolution. In unserem Gehirn befindet sich eine Struktur, die das emotionale Machtzentrum unseres Gehirns darstellt: das Limbische System (vgl. Hans-Georg Häusel: Brain View, S. 80). Dieses System hat die Aufgabe, unser Überleben zu sichern. Und wie macht es das? Es sortiert alle Situationen, die wir erleben, in: ungefährlich – lebenserhaltend und gefährlich – lebensbedrohlich. Damit die Sache funktioniert, werden entsprechende Emotionen aktiviert, vereinfacht gesagt angenehme und unangenehme.

Wenn wir uns neuen Situationen aussetzen, bedeutet das für unser Limbisches System eine Reise ins Unbekannte und damit eine potenzielle Gefahr, je nachdem, in welchem Maß uns diese Situation unvertraut ist. Wenn man gar nicht weiß, was auf einen zukommt, aktiviert es vorsichtshalber Angstreflexe. Das hat zur Folge, dass wir die neue Situation entweder erst gar nicht angehen (also flüchten) oder nur unter Heulen und Zähneknirschen, oft weil wir müssen. Im Heulen-und-Zähne-knirschen-Modus können wir aber leider nicht auf alle unsere Potenziale und Fähigkeiten zugreifen, so dass sich die Wahrscheinlichkeit eines Erfolgserlebnisses reduziert. Hinzu kommt, dass wir die Situation als sehr unangenehm empfinden – und das merkt sich unser Limbisches System. Für die Zukunft speichert es: wenn wieder etwas Ähnliches passiert – Finger weg. Willkommen im sich selbst verstärkenden Angst- und Vermeidungskreislauf!

Aufstehen oder Sitzenbleiben?

Wer sich als Introvertierter aus der Deckung begeben will, wird also vermutlich erst einmal einen inneren Widerstand bei sich feststellen. Dieser Widerstand ist nichts Schlimmes, sondern ein Zeichen, dass das Limbische System aktiv ist. Es kann sich noch nicht so recht vorstellen, den bequemen Sessel des Gewohnten zu verlassen. Wir haben als Menschen nun zwei grundsätzliche Möglichkeiten, mit dieser Situation umzugehen.

Variante Nr. 1: Sitzenbleiben

Innere Widerstände und Ängste machen sich auch körperlich bemerkbar: Wir spüren innere Unruhe oder Druckgefühle, Magen oder/und Darm rebellieren, wir schlafen schlecht, um nur einige Symptome zu nennen. Auch mental tut sich einiges: Katastrophengedanken machen sich breit (»Was passiert, wenn ich es wage?«, »Was passiert, wenn ich scheitere?«), Selbstzweifel keimen, im Inneren tobt ein Konflikt zwischen dem, was wir wollen, und dem, was wir dafür aufgeben oder riskieren müssten (»Zwei Seelen wohnen, ach! in meiner Brust«). Das alles ist natürlich unangenehm.

> Viele Menschen haben die irrige Vorstellung, dass sie nur etwas Neues ausprobieren sollten, wenn sie dabei vollkommen entspannt und selbstsicher sind. Das kann aber bei größeren Veränderungen gar nicht der Fall sein, weil wir beim Aufbruch in etwas Neues unsere Wohlfühlzone verlassen und das Ergebnis tatsächlich ungewiss ist.

Wer die unangenehmen Gedanken und Gefühle schnell wieder loswerden will oder das Risiko scheut, nimmt Widerstand und Ängste als Begründung, alles beim Alten zu lassen, indem er

- ausblendet oder bestreitet, dass es überhaupt etwas gibt, was sich lohnt zu verändern.

- die Angelegenheit als nicht so wichtig einstuft, weswegen es sich auch nicht lohnt dafür aufzustehen.

- behauptet, dass man an der Sache sowieso nichts ändern kann.

- sich selbst die Fähigkeiten abspricht, an der Lage etwas verändern zu können.

Das kann man so machen. Dann darf man sich jedoch nicht als Opfer der Umstände oder der Extrovertierten fühlen, sondern muss sich klarmachen, dass man eine Entscheidung getroffen hat, nämlich die, alles beim Alten zu lassen. Mit allen Konsequenzen.

Sie können natürlich auch ganz anders damit umgehen.

Variante Nr. 2: Aufstehen

Wir können den inneren Widerstand und seine körperlichen und mentalen Symptome auch als gutes Zeichen auffassen. Nämlich als Signale dafür, dass wir gerade dabei sind, uns als Persönlichkeit und in unseren Möglichkeiten zu entwickeln.

Wer eine unbefriedigende Situation verändern will, kann nicht auf Wunder warten, auf einen Lottogewinn oder darauf, dass sich die anderen auf Basis von Erweckungserlebnissen von selbst so verhalten, wie man sich das wünscht. Wer etwas verändern will, muss seine Komfortzone verlassen und Neuland betreten. Er muss

- sich bewusst dafür entscheiden, den eigenen Handlungsradius zu erweitern.

- eine attraktive Zielvorstellung entwickeln, die realistisch ist und im eigenen Einflussbereich liegt.

- überlegen, welche Schritte und Verhaltensweisen dafür erforderlich sind.

- die Botschaft des Widerstandes entschlüsseln und Wege finden, konstruktiv damit umzugehen.

- ins Handeln kommen und dabei in kleinen Schritten vorgehen.

Raus aus der Komfortzone

Introvertierte tun sich leichter mit Dingen, die sie gut vorbereiten können. Das befriedigt ihr Sicherheitsbedürfnis. Was können Sie also tun? Entwerfen Sie Schritt für Schritt Ihr persönliches Veränderungsszenario. Die folgende Reflexionsübung hilft Ihnen dabei.

Reflexionsübung: Mein Veränderungsszenario

Denken Sie an eine Situation, in der Sie als Introvertierter gerne mehr Sichtbarkeit entwickeln möchten.

Schritt 1: Feststellen, was ist

- Wie verhalten Sie sich da bisher?
- Was denken Sie dabei?
- Wie fühlen Sie sich währenddessen?
- Was möchten Sie damit erreichen?
- Wie zufrieden sind Sie mit dem Ergebnis?
- Möchten Sie, dass das so bleibt oder wollen Sie eine Veränderung?
- Wenn Sie sich für eine Veränderung entscheiden: Was ist das hauptsächliche Thema dieser Veränderung?

Schritt 2: Vorstellen, was sein wird

Nun schicken Sie Ihren Verstand kurz in den Urlaub. Lassen Sie dann ein Bild oder eine Szene von einer Zukunft in sich aufsteigen, in der diese Veränderung bereits stattgefunden hat.

Malen Sie sich dieses Bild oder diese Szene in aller Ruhe aus. Berichten Sie sich nun selbst: Woran wird deutlich, dass sich etwas verändert hat?

- Was genau wird dann anders sein?
- Was werden Sie als Erstes anders machen? Was als Zweites?
- Wie sehen Sie sich selbst in diesen Situationen? Wie groß oder klein, wie alt sind Sie dann?
- Welche Körperempfindungen haben Sie?
- Wie reagieren die Menschen um Sie herum?
- Was ist das Angenehme an dieser Situation?

Reflexionsübung: Mein Veränderungsszenario

Was möchten Sie also konkret erreichen? Schreiben Sie einen ersten Entwurf für ein Ziel auf. Überprüfen Sie es dann anhand folgender Kriterien:

- Ist das Ziel positiv formuliert, d.h., beschreibt es, was sein soll (und nicht, was *nicht* sein soll)?
- Ist das Ziel attraktiv? Was hätten Sie dadurch gewonnen? Welches wichtige Bedürfnis wäre dadurch erfüllt?
- Können Sie das Ziel selbst erreichen? Falls das nicht ausschließlich unter Ihrer Kontrolle liegt, brechen Sie das Ziel auf die Facetten herunter, die Sie selbst beeinflussen können. Ist das Ziel zu groß: eine Nummer kleiner, bitte.

Schritt 3: Weg zum Ziel planen

- Welche einzelnen Schritte bringen Sie zum Ziel? Was können Sie im Detail anders denken oder machen als bisher?
- Wann haben Sie in der Vergangenheit schon einmal eine vergleichbare Situation bewältigt? Welche Ihrer Einstellungen, Stärken und Fähigkeiten haben Ihnen dabei geholfen?
- Auf welche Ihrer Ressourcen oder externe Unterstützungsmöglichkeiten können Sie zurückgreifen?

Schritt 4: Mit Widerständen umgehen

- Worauf weist Sie ein möglicher innerer Widerstand hin? Welches Bedürfnis kommt darin zum Ausdruck, das noch nicht erfüllt ist?
- Wie könnten Sie dafür sorgen, dass diese Seite in Ihnen bei Ihrem Vorhaben mitspielt? Welche noch kleineren Schritte, Kompromisse oder Unterstützungsmöglichkeiten sind denkbar?

Auf einen Blick: Mehr Sichtbarkeit für Introvertierte

- Viele Introvertierte leiden darunter, dass sie mit ihren Fähigkeiten und Bedürfnissen von anderen oft übersehen werden. Sie haben ein Sichtbarkeitsproblem.

- Die Sichtbarkeitsblockaden errichten die leisen Menschen meist selbst: Sie wollen häufig alles ganz genau und möglichst perfekt machen, bevor sie damit an die Öffentlichkeit gehen. Sie vergleichen sich mit dem extrovertierten »Ideal«. So lange sie dem nicht entsprechen, bleiben sie lieber im Hintergrund.

- Wer diese Blockaden überwinden will, muss sich aus der bequemen Komfortzone ins Ungewisse wagen. Das gelingt am besten mit kleinen, aber konsequenten Schritten.

Introvertiert? Gut so!

Unsere Gesellschaft liebt die lauten und dominanten Alpha-
tiere und Leitwölfe, die anderen sagen, wo es langgeht. Stille
Menschen werden dagegen eher belächelt und vor allem
chronisch unterschätzt.

In diesem Kapitel erfahren Sie u. a.,

- wie Sie sich trotzdem ein gutes Selbstwertgefühl bewahren,
- wie Sie sich Ihre Stärken bewusst machen,
- was Sie von Extrovertierten lernen können.

Ein sensibler Punkt: das Selbstwertgefühl

Was kommt Ihnen in den Sinn, wenn Sie an menschliche Grundbedürfnisse denken? Mit Sicherheit werden Sie antworten: essen, trinken, schlafen, Sexualität, Schutz vor Gefahren, soziale Beziehungen. Der renommierte Psychotherapeut Nathaniel Branden (Die 6 Säulen des Selbstwertgefühls, S. 17) fügt noch etwas hinzu, was vielleicht nicht so naheliegend ist: nämlich das Selbstwertgefühl.

> Ein stabiles Selbstwertgefühl ist ein menschliches Grundbedürfnis.

Mit einem starken oder gesunden Selbstwertgefühl lebt es sich besser, können Schwierigkeiten gemeistert werden, hat der Mensch mehr Energie.

Was aber machen Introvertierte, die mit dem westlichen Ideal der Extraversion konfrontiert sind, dem sie so gar nicht entsprechen? Tagtäglich stellt es Introvertierte vor Herausforderungen, die in ihnen ein Gefühl der Unzulänglichkeit wecken können. Sie mögen keine großen Partys, meiden Small Talk, halten höchst ungern Reden, schwingen nicht das große Wort in Meetings und bleiben auch sonst im Hintergrund. Das führt zu Selbstvorwürfen oder gar zu Kritik von außen, zu dem Gefühl, Erwartungen nicht erfüllen zu können. In solchen Situationen fühlen sich Introvertierte ganz klein. Diese inneren Schrumpfungsprozesse haben Minderwertigkeitsgefühle zur Folge. Der Selbstwert, den man sich zumisst, sinkt und sinkt.

Wie gelingt es Introvertierten trotzdem, ein gutes Selbstwertgefühl zu entwickeln? Der Schlüssel dazu ist bei einem Familienmitglied des Selbstwertgefühls zu finden, der kleinen, aber bedeutsamen Schwester »Selbstannahme«.

Selbstannahme bedeutet, ...

- sich gegenüber sich selbst zu verpflichten – gegenüber den eigenen Bedürfnissen, Zielen und Wünschen.
- ein Anrecht auf den eigenen natürlichen Egoismus zu stellen.
- sich selbst komplett zu bejahen und zu sich zu stehen mit allen Eigenschaften und Macken.
- sich selbst die beste Freundin/der beste Freund zu sein.
- gefühlte Gefühle zu akzeptieren, anstatt sie zu leugnen.
- die eigenen Schattenseiten anzunehmen, was uns schwer genug fällt, und obendrein die eigenen Sonnenseiten wertzuschätzen und anzunehmen – was Introvertierten besonders schwerfällt (siehe Kap. »Blockade Nr. 2: Das Nobelpreisprinzip«).

Selbstannahme heißt also Partei, Anwalt und Liebe für sich selbst sein. Das ist die Grundlage persönlichen Wachstums.

Und zur Selbstannahme haben Introvertierte allen Grund, denn sie haben viele gute Eigenschaften, die sich prima nutzen lassen: Introvertierte fräsen sich tief ein in ihr Metier: seien es neu zu entwickelnde Organisationsstrukturen, komplexe Gedanken, herausfordernde Forschungsaufgaben oder handwerkliche Innovationen. Oberflächlichkeit oder Triviales ist nicht ihr Ding – sie mögen es gern detailliert, fundiert und gründlich. Dabei hilft ihnen ihre Fähigkeit, ausführlich analytisch zu denken. Ihr Anspruch an Authentizität ist stärker als die Verlockung, sich als jemand zu geben, der sie vielleicht gern wären, aber tatsächlich nicht sind.

Sie sind sensibel und deshalb streben sie nach Harmonie und meiden Streitigkeiten. Durch ihre Gabe gut hinzuhören oder auch hinzufühlen, erkennen sie wichtige Nuancen im Verhalten von Menschen und in der Dynamik von Gruppen. Damit gehen sie taktvoll und diskret um, was sie besonders gut als professionelle Schlichter oder Moderatoren nutzen können oder – im Privaten – zu wertvollen Vertrauten macht.

Das klingt doch gut, oder? Nehmen wir einmal an, Sie beginnen bereits, sich in Ihrer introvertierten Art anzunehmen. Bravo! Aber wissen Sie schon, worin Ihre Besonderheiten und Fähigkeiten bestehen? Welche Leistungen auf das Konto Ihrer Introversion gehen? Womit gerade Sie als introvertierter Mensch punkten? So viel schon einmal vorweg: Introvertiert ist noch lange nicht gleich introvertiert.

Intro ist nicht gleich Intro: die vier verschiedenen Typen

Wie so vieles im Leben ist auch Intraversion nicht eindimensional, sondern vielschichtig. Versuchen wir, in die Vielfalt von introvertiertem Verhalten etwas Ordnung zu bringen, damit Sie sich selbst (und andere) besser verstehen können.

Mit einem Raster verschaffen wir uns einen Überblick: Diese kleine Typologie der Introvertierten scheint zwar auf den ersten Blick die Vielfältigkeit der Persönlichkeit zu reduzieren. Auf den zweiten Blick ermöglicht sie jedoch einen erkenntnisreichen Blick auf Typisches. Zum einen können wir anhand dessen prüfen, wie Introvertierte mit ihren Mitmenschen und Situationen umgehen. Zum anderen können wir daraus ersehen, wie Introvertierte denken und wie sie die Welt begreifen.

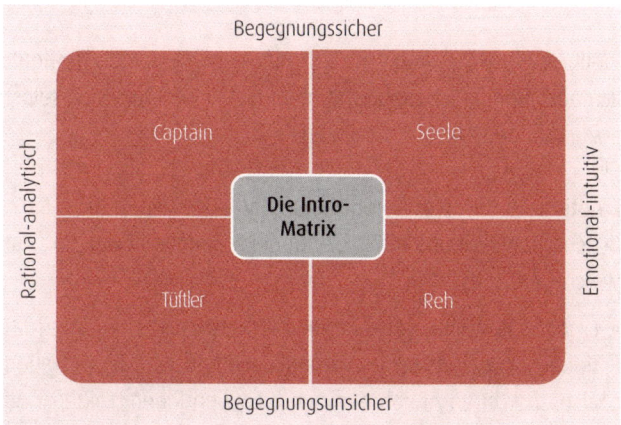

Typologie der Introvertierten (in Anlehnung an Doris Märtin)

Welcher Typ sind Sie?

Jeder Introvertierte findet in dieser Typologie seine ganz individuelle Mischung. Die meisten neigen zu einer Haupttendenz mit mindestens einer oder auch zwei Nebentendenzen. Entdecken Sie, was für Sie das Typische ist, welche Mischung für

Sie charakteristisch ist, welche bevorzugten Arbeits-, Freizeit-, Kommunikations- und Lebensstile Sie bisher pflegen und wo genau Sie Ihre Komfortzone erweitern wollen.

Je besser Sie verstehen, nach welchen Mustern Sie funktionieren, desto leichter ist es, diese ganz bewusst zu nutzen und zu ergänzen – seien es Beziehungen am Arbeitsplatz oder im sozialen Umfeld, sei es die Art zu arbeiten und Entscheidungen zu treffen. Es gilt, ein Mehr an Lebensqualität zu erreichen.

Vielleicht sind Sie verblüfft, sich hier wiederzufinden, hoffentlich aber finden Sie mehr und mehr Gefallen daran, sich selbst anzuerkennen, sich selbst anzunehmen.

Emotional-intuitiv oder rational-analytisch – wie denken Sie?

Beschäftigen wir uns zunächst mit der Kategorie »Denken«. Auf welche Art denken Sie?

- Emotional-intuitiv denkende Menschen verarbeiten Informationen bevorzugt subjektiv und hypothetisch. Sie vertrauen also eher ihren Annahmen und kreativen Ideen. Fakten sind für sie dagegen nicht so wichtig. Sie folgen in Entscheidungsprozessen ihren persönlichen Werten, ihrer Kreativität und ihren Emotionen, also ihrem Bauchgefühl. Sie schätzen ihre Vorstellungskraft, mögen es, sich in Metaphern und bildhaften Darstellungen auszudrücken. Im Zwischenmenschlichen sind sie auf Harmonie angewiesen, um sich wohlfühlen zu können.

- Rational-analytisch denkende Menschen tendieren zu einer objektiven und diskursiven – also im Gespräch erörternden – Informationsverarbeitung. Sie treffen ihre Entscheidungen über eine rationale, logische Analyse der konkreten Fakten. Ihr Fokus liegt auf der Realität und dem Beobachtbaren. Klare Regeln, ein Faktencheck und gemachte Erfahrungen sind ihre Maßstäbe bei jeglicher Problemlösung.

Ihr Umgang mit anderen Menschen: begegnungssicher oder eher -unsicher?

Die zweite Kategorie bezieht sich auf den Umgang mit anderen Menschen, auf das Verhalten in öffentlichen Situationen.

- Begegnungssicher sind diejenigen, die souverän Nähe zu anderen zulassen können. Ihnen bereitet der Umgang mit anderen Menschen oder der Auftritt in der Öffentlichkeit keine Probleme. Sie meistern solche Situationen sicher, sie sind ein ganz natürlicher Bestandteil des eigenen Verhaltensrepertoires.

- Begegnungsunsichere Menschen bevorzugen eher Distanz zu anderen. Sie nehmen Kontakte zu anderen als anstrengend oder verunsichernd wahr und vermeiden solche Situationen gerne. Öffentliche Auftritte, so z. B. eine Rede vor Publikum, sind mit Angst oder Bauchschmerzen verbunden.

Selten tritt ein Verhaltensstil in Reinform auf, immer gibt es eine Zweitwahl und darüber hinaus Anleihen aus der dritten oder auch vierten Abteilung.

Der Captain: sachlich, besonnen und weltgewandt

Der analytisch strukturierte, begegnungssichere Typus »Captain« entspricht deutlich dem klassischen Bild eines introvertierten Menschen. Er geht sachlich und methodisch denkend durchs Leben und ist stets offen für intellektuelle Herausforderungen. Dieser besonnene Steuermann ist selten emotional und stets gleichbleibender Stimmung. Ihm ist Struktur für sich selbst und in eigenen Arbeitsbereichen wichtig. Er organisiert deshalb Prozesse wohlüberlegt und überlässt nichts dem Zufall. Seine Bereitschaft, Verantwortung für sich und andere zu übernehmen, macht ihn erfolgreich und führt ihn häufig in Führungspositionen. Als Vorgesetzter weiß er seine Mitarbeiter gut zu motivieren. Dabei handelt er souverän und unbestechlich, überlegt und kontrolliert. Da er vorausschauend und strategisch aufgestellt ist, ist er vor Überraschungen gut gefeit.

Auf dem gesellschaftlichen Parkett bewegt er sich gewandt, wenngleich wenig beziehungsorientiert. Seine Ausstrahlung ist eher distanziert und kontrolliert. Er wirkt geerdet und unaufgeregt, da er eigene Empfindungen gut verbirgt und emotional nicht leicht aus dem Gleichgewicht zu bringen ist. Er verzichtet auf die Verschwendung von Zeit oder anderen Ressourcen. Zielloses Dahindümpeln mag er nicht. Er wirkt dem durch gezieltes Steuern seiner Mitmenschen entgegen.

Äußerlichkeiten haben für ihn keinen großen Stellenwert. Wichtiger sind ihm innere Werte wie z. B. Gerechtigkeit, Menschlichkeit – um nur einige Beispiele zu nennen. Auch Tradition und Kontinuität sind ihm in seinem Leben wertvoll.

BEISPIEL

Typische Vertreter für diesen Typus von Introvertiertheit sind der ehemalige Außenminister und Bundespräsident Frank-Walter Steinmeier und der 44. Präsident der Vereinigten Staaten Barack Obama.

Was ein Captain braucht

Damit seine Qualitäten zum Tragen kommen und er sich wohlfühlt, braucht ein Captain eine geschützte Arbeitssphäre und Menschen, mit denen er auf seiner Augenhöhe substanzielle Gespräche führen kann.

Wie Sie sich als Captain sichtbarer machen können

- Menschen brauchen hin und wieder Anerkennung für sich und ihre Leistungen. Streifen Sie Ihre Nüchternheit für eine Weile ab und würdigen Sie die Verdienste anderer.
- Erlauben Sie sich, Ihre eigene Leistung hervorzuheben – das macht Sie noch lange nicht zum Angeber!
- Suchen Sie Zweisamkeit und gehen Sie mit Ihren Worten auch auf die Gefühlsebene Ihres Gegenübers ein.
- Zeigen Sie Ihre Gefühle – mimisch oder verbal.
- Machen Sie Komplimente – und nehmen Sie die anderer an.
- Offenbaren Sie anderen Ihre Persönlichkeit.
- Lachen Sie gemeinsam und schaffen Sie so mehr Leichtigkeit.

- Sie müssen nicht immer stark sein. Lassen Sie sich auch mal bemuttern bzw. bevatern.

- Teilen Sie Ihre persönlichen Eindrücke mit, statt andere zu belehren, wie es »richtig« geht.

- Übernehmen Sie Führung auch in solchen Nebensächlichkeiten wie Small Talk.

Der Tüftler: sachlich, zurückgezogen und genial

Der Tüftler denkt ebenfalls wie der Captain analytisch-strukturiert. Im Gegensatz zu diesem ist er jedoch unsicher in der Begegnung mit anderen Menschen. Er liebt die Arbeit im stillen Kämmerlein ohne Störungen. Sein Bereich ist die Sache selbst – hat sie ihn einmal gepackt, lässt er nicht los. Er fräst sich unermüdlich tiefer und tiefer hinein in sein Spezialgebiet. Er denkt extrem logisch und gleichzeitig »out of the box«– er verlässt gern die plattgewalzten Trampelpfade des konsensorientierten Denkens. Details sind ihm enorm wichtig; sind sie doch oftmals das Zünglein an der Waage seiner Entdeckungen. Gepaart mit seinem Spezialistentum und seiner hohen Fachkompetenz bringt ihn das in auffällige Nähe zur Genialität. Das weiß er auch und ist entsprechend überzeugt von sich. Er erforscht, wie die Dinge sind und wie sie funktionieren, um dann zu erkennen, für welche allerbesten Lösungen man sie nutzen kann.

Der Tüftler neigt nicht dazu, sich Konventionen der Höflichkeit oder Anpassung anzuschließen. Das macht ihn unempfindlich gegenüber Manipulationen und Schmeicheleien. Lässig und ungerührt setzt er sich über gesellschaftliche Verhaltensregeln und Erwartungen hinweg. Nettigkeiten und die Rhetorik des menschlichen Miteinanders sind nicht sein Ding, genauso wenig fühlt er sich empathisch in andere Menschen hinein. So wirkt er zuweilen brüsk und unverblümt. Er bleibt bei sich und seinen Spezialgebieten und kann auf menschliche Nähe verzichten, was ihm einen autistischen Touch verleihen kann.

BEISPIELE

Typische Tüftler-Typen sind Albert Einstein und Ludwig van Beethoven. Auch Anna Wintour, die Diva of Fashion, seit 25 Jahren Chefin der amerikanischen Modezeitschrift Vogue mit strengem, unbeirrbarem Blick auf Perfektion, lässt sich hier einreihen.

Was Tüftler brauchen

Um sich und ihr Potenzial entfalten zu können, brauchen Tüftler großzügig bemessene Freiräume. Außerdem wollen sie auf ihrem Fachgebiet gefordert sein. Repräsentationspflichten überlassen sie dagegen lieber anderen.

Wie Sie sich als Tüftler sichtbarer machen können

- Stellen Sie Kontakt zu anderen her. Dazu bedarf es meist nicht viel: ein Lächeln, eine beiläufige Bemerkung, eine interessierte Miene, eine Frage nach dem Befinden des Gesprächspartners reichen bereits aus.

- Gestatten Sie sich, auch mal an der Oberfläche zu bleiben, trotz aller Expertise.

- Unterschätzen Sie nicht den Effekt von angemessener Kleidung und passenden Accessoires.

- Vermitteln Sie zwischen Ihrem Fachgebiet und der Öffentlichkeit

- Vermeiden Sie Monologe und langes Dozieren. Binden Sie stattdessen Ihr Gegenüber z. B. mit Fragen in das Gespräch ein.

- Üben Sie, Menschen auch emotional zu verstehen.

- Etablieren Sie als Führungskraft Instrumente, die Kontakt schaffen, so z. B. Vier-Augen-Gespräche.

- Bringen Sie Ihre Anerkennung und Wertschätzung für andere zum Ausdruck.

- Achten Sie auf nonverbale Signale wie Mimik, Gestik und den Sprechausdruck, also z. B. das Sprechtempo, Betonungen und die Klangfarbe der Stimme – bei sich selbst und bei Ihren Partnern.

- Üben Sie Small Talk und halten Sie ihn wirklich small.

- Suchen Sie sich Interessengebiete jenseits Ihres Faches oder Expertentums.

Die Seele: empathisch, zart und feingeistig

Menschen des Typus »zarte Seele« denken emotional-intuitiv und sind damit stark gefühlsmäßig unterwegs. Sie sind beziehungsorientiert – und sogar mehr als das: Sie fühlen sich auf andere angewiesen und beziehen sich in ihrem gesamten Wirken auf sie. In der Begegnung und bei öffentlichen Auftritten wirken sie sicher und souverän. Sie haben die Gabe einer hohen Wahrnehmungsfähigkeit, was an sich ein Vorteil ist, sich aber auch gleichzeitig nachteilig auswirken kann.

Der Typus »Seele« erlebt und genießt sehr eindrücklich die Schönheiten der Natur (den blühenden Apfelbaum, die Waldlichtung in den Strahlen der Abendsonne, die schimmernden Tauperlen im Gras ...). Auch Kunst, Poesie, Musik oder vergleichbar schöne Dinge sind für Menschen dieses Typs sehr wichtig: sie erfreuen sich an einem Konzert- oder einem Museumsbesuch. Auf zwischenmenschlicher Ebene empfangen sie neben den verbalen Botschaften auch das Ungesagte, das Gefühlte. Sie erfassen blitzschnell die Dynamik und die Wellenlängen zwischen Menschen und sind sensibel für atmosphärische Veränderungen in Gruppen.

Und genau darin besteht auch das Nachteilige: Mit dieser Sensibilität erspüren die »Seelen« eben auch die dunklen Seiten, die negativen und anstrengenden Emotionen im Raum, die von weniger sensiblen Menschen gar nicht wahrgenommen werden. Die Spannungen, die von anderen ausgehen, nehmen sie so wahr, als wären es ihre eigenen – und dementsprechend leiden sie auch unter ihnen. Die »Seele« wird von weniger Empfindsamen deswegen auch schnell als überempfindlich oder übermäßig phantasiebegabt abgestempelt. Für ihre Umwelt ist sie dann mitunter auch die »gekränkte Leberwurst« oder das »Sensibelchen«, das sich alles nur einbildet. Seelen haben wegen ihrer Empfindsamkeit den Hang dazu, andere retten zu wollen und sich aufopferungsvoll für deren Bedürfnisse einzusetzen.

In ästhetischer Hinsicht leiden sie, wenn Menschen in ihrer Umgebung nicht so geschmackssicher sind wie sie selbst.

Aufgrund der hohen Wahrnehmungsfähigkeit ist das Nervenkostüm der »Seelen« schnell reizüberflutet. Es braucht dann Ruhe und Struktur.

BEISPIELE

Eine typische prominente »Seele« ist die Autorin Joanne K. Rowling, die Erfinderin von Harry Potter. Auch Victor von Bülow, alias Loriot, war ein Vertreter dieses Typs. Der Schöpfer der Familie Hoppenstedt oder des Lottogewinners Erwin Lindemann und vieler anderer Fernsehfiguren, mit denen er menschlichen Schwächen und Eigenheiten gnadenlos aber doch liebevoll und auf den Punkt beschreibt.

Was eine »Seele« braucht

Um ihre Qualitäten zu sichern, brauchen Menschen des Typus »Seele« Natur, Kultur, ästhetisch gestaltete, ruhige Umgebungen, Gleichmaß durch Rituale und rücksichtsvolle Menschen in ihrem näheren Umfeld. Um sich nicht als Retter der Nation auszulaugen, sollten »Seelen« verstärkt auch auf ihre eigenen Bedürfnisse achten, sie wahrnehmen und klar kommunizieren. Lassen Sie sich auf neue Situationen nur gut ausgeruht ein. Nutzen Sie jede Möglichkeit der Entspannung: Musik hören, spazieren gehen, meditativ Fenster putzen, singen. Finden Sie

Rückzugsräume, die es Ihnen erlauben, nach einem anstrengenden Einsatz für andere wieder neue Energie zu sammeln.

Wie Sie sich als »Seele« sichtbarer machen können

Menschen des Typus »Seele« werden von anderen gerne als selbstverständlich wahrgenommen. Kein Wunder: Sie sind immer da für andere. Da läuft man schon mal Gefahr, dass die eigenen Bedürfnisse und Wünsche übersehen werden. Kümmern Sie sich deshalb auch um sich und nehmen Sie Ihre eigenen Interessen wahr. Nur wenn Ihnen das gelingt, werden Sie sichtbarer für andere.

- Signalisieren Sie anderen ganz klar Ihre Grenzen: Sagen Sie auch mal Nein.

- Verfolgen Sie auch Ihre eigenen Ziele. Teilen Sie anderen Ihre Wünsche und Ihre Bedürfnisse mit.

- Vermeiden Sie, bei jeder Sorge anderer in die Retter-Rolle zu gehen.

- Verzetteln Sie sich nicht: Nehmen Sie nicht jedes Kontaktangebot anderer Menschen an. Setzen Sie sich nicht jeden »Sorgenhut« auf.

- Nutzen Sie Musik und mediale Informationsangebote sehr kontrolliert – Sie haben genug inneres »Programm«, das Sie beschäftigt.

- Machen Sie sich klar: Sie sind ebenso wichtig wie die Menschen in Ihrem Umfeld. Stellen Sie Ihr Licht nicht unter den Scheffel.

Das Reh: scheu, anpassungsfähig und fluchtbereit

Die Metapher des Rehs als sanftmütiger Waldbewohner, der die Fähigkeit hat, mit seiner Waldumgebung zu verschmelzen, verweist auf die Vorliebe dieses introvertierten Typs, sich zurückzuziehen: mit der Familie in die eigenen schön gestalteten Wände, wo das Leben sicher und behütet ist. Die eher als feindlich wahrgenommene Außenwelt ist in dieser Umgebung weit weg. Dieses Verhaltensmuster des beziehungsorientierten und öffentlichkeitsscheuen Typus erklärt sich auch durch eine angeborene Charaktereigenschaft: das Angstzentrum im Gehirn, die Amygdala, weist eine besonders hohe Aktivität auf. Liebevolle Beziehungen sind für diesen Typus so etwas wie die Luft zum Atmen. Vertrauen und Vertraulichkeit sind für ihn lebenswichtig. Er wahrt Geheimnisse, schlichtet bei Unstimmigkeiten und entschärft explosive Situationen. Menschen, die still oder abseits stehen, vermag er zu integrieren.

Dieser Typus wirkt in seiner hilfsbereiten und wertschätzenden Haltung auf andere Menschen sehr sympathisch. Man merkt ihm deshalb auch seine soziale Angst nicht an. Sich selbst gegenüber ist er überaus kritisch. Er neigt zum Perfektionismus (gut ist nicht genug!) und zur immerwährenden Pflichterfüllung.

BEISPIEL

> Ein prominenter Vertreter dieses Typus ist King George V, der stotternde englische König – sehr schön zu studieren im Film »The King's Speech«. Ansonsten verstecken sich die »Rehe« zu gut, um bekannt zu sein.

Was ein Reh braucht

Damit es seine Qualitäten leben und entfalten kann, braucht das Reh Bestätigung und Anerkennung, Zugehörigkeit, harmonische Beziehungen, gut strukturierte Abläufe und Ruhe.

Wie Sie sich als »Reh« sichtbarer machen können

- Trainieren Sie Ihre rhetorischen Fähigkeiten. Legen Sie sich Einstiegssätze zurecht und üben Sie im vertrauten Umfeld, Geschichten oder Witze zu erzählen. Genießen Sie eine gelungene Pointe oder Ihre Position im Mittelpunkt ganz bewusst.

- Üben Sie Power-Posen, mit denen Sie sich größer und wahrnehmbarer für andere machen: Gehen Sie selbstbewusst hoch aufgerichtet mit festem Schritt. Nehmen Sie in Gesprächen mehr Raum ein durch ausladende Gestik. Machen Sie einen Schritt auf andere zu.

- Erlauben Sie sich, mehr Redezeit in Gesprächen zu beanspruchen.

- Lassen Sie sich nicht unterbrechen. Machen Sie sich bewusst: Ihr Beitrag ist wichtig und sollte von anderen gehört werden.

- Suchen Sie sich jenseits Ihres privaten Kreises eine Öffentlichkeit, in der Sie Präsenz üben. Gute Übungsfelder dafür sind z. B. Vereine oder andere ehrenamtliche Organisationen.

- Reden Sie über Ihre Leistungen.

- Achten Sie darauf, auch zu nehmen – nicht nur zu geben.

- Trauen Sie sich ran an herausfordernde Aufgaben und beobachten Sie, wie Ihre Angst mit jeder genommenen Hürde kleiner und kleiner wird.

- Kultivieren Sie Ihre Fähigkeit zu beschwichtigen. Gehen Sie in Führung und moderieren Sie – im Job oder im Privaten.

- Gehen Sie ganz bewusst in fremde Umgebungen.

Stärken und Schwächen erkennen und akzeptieren: Machen Sie Inventur

Sicherlich haben Sie sich in einem der beschriebenen Typen erkannt, oder? Machen Sie mithilfe der Typologie eine Inventur Ihrer Stärken und Ihrer Schwächen. Je klarer Sie Ihre eigenen Stärken sehen, desto besser können Sie auch zu Ihren Schwächen stehen. Beide Seiten – Stärken wie Schwächen – gehören zu Ihrer Persönlichkeit. Freuen Sie sich über Ihren inneren Reichtum. Vielleicht zeigen Sie diesen mehr und mehr auch nach außen. Es wird Ihnen guttun – und Ihrer Umgebung auch!

Wenn Sie Ihre Schwächen kennen und akzeptieren, dann sind Sie unempfänglich für Vorwürfe von anderen. Denn ein Vorwurf von außen wirkt nur dann, wenn er als uneingestandener Selbstvorwurf bereits in Ihrem Inneren herumgeistert. In diesem Sinne: Eine Inventur der Stärken, Fähigkeiten, Kompetenzen und der Schwächen, Nöte, Schattenseiten kann man nicht oft genug machen – und dabei neue Qualitäten finden!

Warum es sich lohnt, Neues zu wagen

Lernen, lernen, lernen ... und das, solange wir leben? Dieser Gedanke klingt anstrengend und mühsam. Haben wir denn in Schule, Ausbildung, Studium noch nicht genug gelernt? Haben wir nicht schon unendlich viele Konflikte erlitten (und gelöst!). Kann es nicht auch mal gut sein?

Auf der anderen Seite birgt die Idee des lebenslangen Lernens den Charme der Weiterentwicklung und des Sich-Vervollständigens. Niemand muss sich mit dem begnügen, was ist. Bezogen auf unser Thema heißt das: Ein Introvertierter darf die Erfahrung des Extrovertierens erleben, wie umgekehrt ein Extrovertierter auch einmal stark und präsent auf leise Art sein darf.

Jede neue Erfahrung hat jedoch einen Preis: Man muss dazu das bequeme, weiche und ausgesessene Sofa der Komfortzone verlassen, um sich ins vermeintlich Ungewisse zu begeben. Übertragen auf Introvertierte bedeutet das: Seine Angst zu überwinden und für andere sicht- und hörbar zu werden, kostet Kraft. Wenn wir es aber wagen, gewinnen wir Vieles: (Selbst-) Akzeptanz und Selbstvertrauen, Aufmerksamkeit und Resonanz durch andere neue, stimulierende Erfahrungen. Und zusätzlich tritt, quasi ganz von allein, ein schöner Nebeneffekt ein: Wir freuen uns gewaltig über uns selbst. Vergleichbar mit einem Bungee-Springer, der seine Angst besiegt hat und mit dem Hinabstürzen in die Tiefe über sich selbst hinausgewachsen ist.

Das sind Momente der Exzellenz – sie machen froh. Darüber hinaus lässt sich von ihnen in sicher immer wiederkehrenden mageren Zeiten zehren, in denen uns Erfolge einfach nicht gelingen wollen.

Das Gute ist: Sie müssen sich ja nicht extravertieren, niemand zwingt Sie dazu. Aber Sie können es, wenn Sie wollen. Machen Sie es allein für sich und Ihre Lebenslust und nicht, weil irgendjemand Sie mit »Komm doch mal stärker aus dir raus!« bedrängt. Verbiegen Sie sich nicht und bedienen Sie nicht die Erwartungen anderer. Vielleicht sind Sie schon viel weiter nach außen gewandt, als es Ihnen bewusst ist. Vielleicht gelingt es Ihnen bereits, sich selber so anzunehmen, wie Sie sind, ohne sich mit anderen (Extrovertierten!) zu vergleichen. Nach dem Motto: Ich bin introvertiert – und das ist wirklich gut so.

Auf einen Blick: Introvertiert? Gut so!

- Introvertierte haben oft nur ein geringes Selbstwertgefühl. Sie meinen, weniger wert zu sein als extrovertierte Menschen.
- Dabei haben sie allen Grund, sich selbst hoch einzuschätzen, denn sie haben viele gute Eigenschaften, die sich im Beruf und im Privatleben prima nutzen lassen.
- Der Schlüssel, um mehr Selbstwertgefühl zu entwickeln, lautet Selbstannahme. Sich selbst mit allen Stärken und Schwächen anzunehmen, wie man ist, gelingt am besten, wenn man sich all diese Eigenschaften bewusst macht.

Raus aus der Graue-Maus-Zone

Geht es darum, die eigenen Ziele und Vorstellungen durchzusetzen, geraten Introvertierte oft ins Abseits. Ehe sie sich versehen, gewinnen andere, auch wenn man selbst die bessere Idee, das überzeugendere Konzept hatte.

In diesem Kapitel erfahren Sie u. a.,

- warum der sog. Status dabei eine wichtige Rolle spielt,
- von welchen Faktoren unser Status abhängt,
- wie wir ihn ändern können.

Das ewige Spiel rund um Stärke und Durchsetzungskraft

Warum ist es nicht immer so: Wir sind in einer entspannten Situation, in der das Gespräch einfach fließt, wir fühlen uns in unserem Element, jeder drückt klar die eigenen Bedürfnisse und Ziele aus, erhält angemessene Antworten, wird wertschätzend behandelt, Emotionen sind versachlicht. Alle begegnen sich auf Augenhöhe und fühlen sich wohl. So wie man sich Kommunikation wünscht. Das Leben kann so schön sein.

Aber kaum kommen Ansprüche ins Spiel, Konkurrenz, Wettbewerb oder schlicht Meinungsverschiedenheiten, verändert sich das Ganze: Es wird um Respekt und Einfluss oder Macht gerungen – nun geht es darum, wer mächtiger oder stärker ist, wer sich besser durchsetzen kann. Und plötzlich sind wir mittendrin: im Status-Spiel. Der Theaterpädagoge und -regisseur Keith Johnstone hat dieses Prinzip bei seiner Arbeit erkannt und im Improvisationstheater genutzt und weiterentwickelt.

Aber nicht nur im Theater kommt es zum Tragen. Das Konzept lässt sich auch hervorragend als ein Analyseinstrument für reale Kommunikationssituationen zwischen zwei oder mehreren Menschen verwenden. Man kann damit sehr gut herausfinden, welchen Geltungsanspruch, also Status, jemand gegenüber einer anderen Person beansprucht: Macht er sich größer und überlegener über den anderen? Macht er sich kleiner und unterlegener? Will er gleich und ebenbürtig sein? In welchen Kontexten? Welches wahrnehmbare Verhalten zeigt er? Wie bewegt er sich im Raum? Wie reagiert sein Gegenüber darauf?

Es geht also um das Spannungsfeld zwischen oben und unten, zwischen Dominanz und Unterordnung, zwischen Konflikt und Konfliktlösung, um Kontrolle und Kontrollverlust.

Status – besonders wichtig für Introvertierte

Sie fragen sich jetzt vielleicht, was das Thema Status in diesem TaschenGuide zu suchen hat. Sehr viel! Wenn Introvertierte wahrgenommen werden wollen, nützt ihnen das Know-how über Status. Je bewusster wir mit den eigenen Statusmöglichkeiten umgehen, also den eigenen Status erkennen und ihn gestalten, und je realistischer wir den Status des Gegenübers einschätzen können, desto besser können wir mit den Statuszuständen spielen, Einfluss nehmen und uns durchsetzen. Und letzteres ist besonders wichtig für Introvertierte.

Überlassen Sie Ihren eigenen Status nicht dem Zufall!

Introvertierte Menschen gehen nicht gern in die Offensive. Sie sind zurückhaltend in ihrem Auftreten und neigen dazu, sich zu unterschätzen. Das hat zur Folge, dass sie viele Möglichkeiten der Durchsetzung nicht für sich nutzen – was Extrovertierte in ihrer spontanen, unbekümmerten Art viel eher tun.

Der hier beschriebene Status hat nichts mit dem typischen Statusdenken gemein, das von Statussymbolen, wie z.B. dem dicken Auto oder der Cartier-Uhr am Handgelenk, geprägt ist. Der Johnstone-Status meint im Gegensatz dazu nicht das Haben, sondern das Sein. Dies wird signalisiert durch Sprache, Körpersprache und die Auswahl der Inhalte.

Die drei Arten des Statusverhaltens

Treffen wir auf andere Menschen, kommt es mehr oder minder unbewusst zu Statusspielen, in denen wir unseren Stand, unseren Stellenwert mit dem unseres Gegenübers abgleichen.

Statusverhalten	
Hochstatus	Ich zeige meinem Gegenüber, dass ich ihm überlegen bin – und er damit unterlegen. Mit dieser Dominanz verschaffe ich mir Respekt. Respekt ist mir wichtiger als Sympathie.
Tiefstatus	Ich zeige meinem Gegenüber, dass ich mich unterlegen fühle und mich unterwerfe – und biete ihm damit an, überlegen zu sein. Ich gehe deswegen Kompromisse ein und passe mich an. Ich möchte gemocht werden und verzichte dafür auf Respekt und die Durchsetzung meiner Wünsche.
Gleichstatus	Ich fühle mich mit meinem Gegenüber gleichwertig. Jeder von uns kann die gleichen Möglichkeiten nutzen. Wir zollen einander Respekt und fühlen gegenseitige Sympathie.

BEISPIEL

Robert und Elfi sitzen mit ihrer Projektleiterin zusammen, um ihr die Ergebnisse des gemeinsamen Projekts zu präsentieren. Sie hatten abgesprochen, dass Robert mit den Rahmenbedingungen beginnt und

Elfi dann die konkreten Resultate darstellt. Robert hält sich zunächst an diesen Plan und startet mit den Rahmenbedingungen. Anders als abgesprochen, redet er danach jedoch begeistert weiter und erläutert, ohne sich unterbrechen zu lassen, auch noch gleich die Ergebnisse des Projekts – ganz klar Elfis Part. Elfi versucht einzuhaken: »Wenn ich dazu mal was sagen darf …«, aber Robert spricht ungerührt weiter und brilliert mit den Ergebnissen, als hätte er sie ganz alleine erarbeitet. Elfi sitzt fassungslos daneben, sie funkelt Robert zwar wütend an und versucht weiter, das Wort zu ergreifen, wodurch sie aber weder Souveränität noch erfolgreich das Wort gewinnt. Die Projektleiterin bedankt sich bei Robert für das gelungene Projekt.

Dies ist ein alltägliches Beispiel für Statuskommunikation: Die introvertierte Elfi gerät in Stress ob der unerwarteten Wendung. Ihr macht die neue, von allen Absprachen weit entfernte Situation Angst, da sie als introvertierter Mensch spontan nicht weiß, wie sie souverän ihre Ansprüche anmelden kann. Sie befindet sich in einem inneren Konflikt: Eigentlich möchte sie sich vor lauter Enttäuschung noch mehr in ihr Schneckenhaus zurückziehen, was man ihr anmerkt (Tiefstatus), andererseits weiß sie tief in ihrem Innersten, dass sie jetzt sofort in den Hochstatus wechseln sollte, um die Sache richtigzustellen, was ihr aber wegen ihrer Introvertiertheit sehr schwer fällt.

Der extrovertierte und spontan handelnde Robert liebt die Bühne, und sein Belohnungssystem freut sich über die Anerkennung der Vorgesetzten, so dass er gar nicht merkt, was mit Elfi passiert. Robert hat hier den höheren Status und Elfi kommt aus dem tiefen Status nicht heraus.

Wovon hängt unser Status ab?

Ob Sie in diesen Statusspielen auf andere unterlegen, überlegen oder gleichwertig wirken, ist abhängig von

- Ihrem jeweiligen Selbstwertgefühl,
- Ihrer Tagesform,
- Ihrer Einschätzung des jeweiligen Gegenübers,
- dem Thema, um das es geht,
- Ihrer Fähigkeit, sich selbst – Ihr eigenes Verhalten und Ihren Status – genau wahrzunehmen,
- Ihrer Bereitschaft, die Beziehungsqualität zu beeinflussen,
- Ihrer Fähigkeit, eine Situation richtig einzuschätzen.

Warum Status nicht statisch ist

Status beschreibt keine dauerhafte Beziehung. Er ist immer eine Momentaufnahme dessen, was gerade in einer bestimmten Situation zwischen Menschen passiert. Und Status wird nicht ausschließlich von einer Seite definiert, sondern von allen Beteiligten.

Wenn jemand im Hochstatus daherkommt und versucht, Ihnen den Tiefstatus anzubieten, können Sie sein Angebot annehmen.

BEISPIEL

Ihr Kollege fragt Sie genervt und mit Geringschätzung in der Stimme: »Hast du die Präsentation denn immer noch nicht abgeschickt?«.

> Antworten Sie zerknirscht mit leiser Stimme: »Es tut mir sehr leid, ich hatte noch keine Zeit dafür, aber jetzt erledige ich es sofort.«, sind Sie mittendrin im Tiefstatus.

Sie können sein Angebot aber auch ausschlagen und den Tiefstatus für sich ablehnen.

BEISPIEL

> Sie antworten entspannt und mit einem freundlichen Lächeln: »Wäre es dir lieber gewesen, ich hätte die Delegation nicht persönlich abgeholt und stattdessen die Präsentation erledigt?«

Das Statusspiel setzt sich fort: Im weiteren Gesprächsverlauf macht wiederum einer von beiden ein neues Angebot, was angenommen oder ausgeschlagen werden kann. So entsteht eine Kette von Spielzügen, in denen permanent der jeweilige Status ausgehandelt wird. Status kann sich also sekündlich ändern innerhalb einer Begegnung: Sie können sich in einem Gespräch mit derselben Person abwechselnd im Hoch-, Tief- und Gleichstatus befinden, je nach Ziel und Verlauf des Gesprächs.

Statussignale: Dominanz und Unterlegenheit zeigen

Immer und unentwegt teilen wir anderen unseren jeweiligen Status mit, und zwar mit unseren Worten, unserer Körpersprache und unserem Verhalten. Diese Statuskommunikation liefert allen Beteiligten eine Art Landkarte für das, was gerade passiert. Wer ist »oben«, wer ist »unten«, wer ist auf Augenhöhe? Interessanterweise passiert das alles intuitiv. Ob wir es nun wollen oder nicht: Wir spüren genau, wenn jemand in der Kommunikation einen hohen Rang innehat, indem sie oder er sich durchsetzt, das Sagen hat, das Alpha-Tier ist, Konflikte bereitwillig eingeht oder Entscheidungen trifft. Genauso spüren wir sofort, wenn jemand kommunikativ einen niedrigen Status hat, also nachgibt, weil ihm eine harmonische Beziehung wichtiger ist als die Durchsetzung seiner Ziele. Doch woran liegt das?

Es sind leider nicht nur die gute Vorbereitung, das Wissen und die klugen Argumente, die uns souverän und sicher erscheinen lassen. Es ist auch die innere Haltung zu uns selbst, die sich in unserem Körperausdruck zeigt.

Aber auch umgekehrt wirkt das Prinzip: Ein gerader Rücken und direkter Blickkontakt gepaart mit resonanzreicher Stimme wirken sich positiv auf unsere innere Haltung aus. Und genauso funktioniert das Gegenteil, wie es uns Charly Brown von den Peanuts bereits lehrte: »Wenn du deprimiert bist, ist es ungeheuer wichtig, eine ganz bestimmte Haltung einzunehmen ... Das Verkehrteste, was du tun kannst, ist aufrecht und mit erhobenem Kopf dazustehen, weil du dich dann sofort besser fühlst ...«.

Jeder sendet und empfängt Statussignale in Form von Körpersprache, Stimme und dem gewählten Inhalt der Kommunikation.

Körpersprachliche Signale

Körpersprache findet immer statt – ob wir es wollen oder nicht. Unsere Körpersprache ist die Urform der menschlichen Kommunikation. Sie wirkte bereits vor über zwei Millionen Jahren, als wir uns noch Homo Erectus nannten und uns mit Gesten, Grunzlauten und unserer Körperhaltung verständigten. Und so verwundert es denn auch nicht, dass Körpersprache schneller gesendet und verstanden wird als unsere verbalen Botschaften, weil sie im ältesten Teil unseres Gehirns, dem limbischen System, ohne Nachdenken sekundenschnell dechiffriert wird.

Unsere Körpersprache ist es auch, die anderen sichtbar macht, wie wir uns gerade fühlen, welchen inneren Status wir haben. Über die bewusste Veränderung unserer Körpersprache können wir zwar unseren inneren Status ein Stück weit beeinflussen. Allerdings zeigt sie bereits unsere Gefühlslage, noch bevor wir diese reflektiert haben.

Körpersprache, die Hochstatus signalisiert
Häufiger Blickkontakt zum Gegenüber
Offener, direkter Blick
Lebhafte, weit ausholende Gestik
Aufrechte Haltung
Angemessene Distanz zum Gegenüber
Klare Aussprache, angemessene Lautstärke

Körpersprache, die Tiefstatus signalisiert
Ausweichender oder unterwürfiger Blick von unten nach oben
Spannungslose oder nicht vorhandene Gestik
Hand-/Armbewegungen eng am Körper
Sich klein machen
Zurückweichen
Leise, monotone, fragende Stimme
Stockender Sprechfluss mit vielen Füllwörtern wie z. B. äh, hmm.

Sprachliche Signale

Nicht nur die Körpersprache, auch das, was wir sagen, verrät anderen, wie wir uns wirklich fühlen. Je klarer Sie sich ausdrücken, desto selbstsicherer kommen Sie rüber – und desto klarer fühlen Sie sich letztendlich selbst. Umgekehrt gilt das Prinzip auch: Je mehr sprachliche Weichmacher, also Relativierungen, Sie benutzen (»Ich würde eigentlich ganz gern ein bisschen ...«), desto unschlüssiger und unentschiedener wirken Sie auf andere und schließlich auch auf sich selbst.

Sprachliche Signale
Im Hochstatus:
Klare Wortwahl, schlüssige Argumente
Äußerung eigener Bedürfnisse
Deutliche und eindeutige Meinung
Versachlichung eigener oder fremder Emotionen
Fragen an das Gegenüber und Zuhören

Sprachliche Signale
Im Tiefstatus:
Füllwörter wie z. B. äh, hm
Weichmacher wie z. B. vielleicht, eventuell, eigentlich
Vermeidung eigener Bedürfnisäußerungen
Relativierende oder unklare Aussagen

Verhaltensbezogene Signale

Unser Verhalten ist die Kombination aus Sprache, Körperspra-che und innerer Einstellung, mit der wir uns zeigen und andere Menschen zu etwas bewegen möchten. Haben Sie das Bedürf-nis, etwas in die Hand zu nehmen und zu beeinflussen oder die Führung in einer Gruppe zu übernehmen, verhalten Sie sich an-ders als jemand, der sich anpasst und sich der Leitung anderer anvertraut bzw. unterwirft.

Verhaltensbezogene Signale
Im Hochstatus:
Führung übernehmen
Gespräche initiieren oder beenden
Gesprächsteilnehmer integrieren
Spielregeln vorschlagen
Freundlich sein
Unterbrechungen freundlich zurückweisen
Im Tiefstatus:
Passivität und Zurückhaltung
Sich unterbrechen lassen
Abwertende Äußerungen über sich selbst und andere

Status entsteht im Inneren und wirkt im Außen

Sie kennen nun die Statussignale, mit denen wir anderen unseren Status offenbaren. Dabei unterscheiden wir zwischen dem inneren und dem äußeren Status.

Status	Wofür er steht
Innerer	Wie man sich fühlt und wie man über sich selbst denkt
Äußerer	Verhalten und die beobachtbare Wirkung, die man nach außen hat

BEISPIEL

Wie fühlen Sie sich, wenn eine Kollegin Sie um Rat fragt oder Ihre Arbeit lobt? Wahrscheinlich stark und geschmeichelt. Sie empfinden einen hohen inneren Status. Wahrnehmbar durch andere ist Ihre aufrechte Körperhaltung und der direkte Blick – alles Signale, die Selbstbewusstsein und hohen äußeren Status signalisieren. Möglicherweise gelingt es Ihnen in diesem Moment auch noch, etwas Selbstmarketing zu betreiben, und Sie erwähnen nebenbei und mit Stolz Ihre Projekterfolge bei Ihrem vorherigen Arbeitgeber.

Wie fühlen Sie sich dagegen, wenn Ihr Chef Ihnen ausführlich erläutert, dass Ihr Projekt gerade kurz vor dem Zusammenbruch steht und Sie das alles zu verantworten haben? Möglicherweise geknickt und deprimiert. Ihr innerer Status: tief. Äußerlich gelingt es Ihnen gerade noch, den Kopf oben zu halten, aber ein aufmerksamer Beobachter wird sehen, dass Sie schauspielern.

Menschen, die gelernt haben, ihre Entscheidungen bewusst zu treffen, klare Ziele zu verfolgen und die Dinge aktiv anzugehen, sind attraktive Leitfiguren für andere. Wer demgegenüber eine »Ist mir doch egal«-Haltung an den Tag legt und passiv bleibt, hilft dagegen den anderen, sich zu verwirklichen. Nicht sich selbst.

Introvertierte sind mit ihren inneren Vorgängen oft stärker beschäftigt als mit ihrem Verhalten, das nach außen wirkt. Sie geraten so ungewollt in einen äußeren Tiefstatus. Wenn Sie stark und präsent agieren wollen, stecken Sie am besten mehr Energie in die bewusste Gestaltung Ihres äußeren Status.

Die vier Status-Kombinationen

Innerer und äußerer Status müssen nicht gleich sein. Wie wir uns im Inneren fühlen, kann also von dem abweichen, wie wir uns im Außen zeigen. Es gibt vier Kombinationen (vgl. auch Schmitt/Esser S. 23).

	Innen	Außen
1.	**Hoch** Innere Klarheit über die eigenen Ziele	**Hoch** Dominanz nach außen, Bestimmerrolle
2.	**Hoch** Innere Klarheit über die eigenen Ziele	**Tief** Verbindliches, diplomatisches, höfliches Verhalten
3.	**Tief** Gefühl von Machtlosigkeit	**Hoch** Vorgetäuschte Dominanz, nicht authentisch, oft übertrieben
4.	**Tief** Das Harmoniebedürfnis ist größer als der Wunsch nach Durchsetzung der eigenen Ziele	**Tief** Bereit zur Unterordnung, unterwürfiges Verhalten

Wie sich Gesprächssituationen basierend auf diesen Kombinationen unterschiedlich gestalten lassen, sehen wir uns am Beispiel von Elfi und Robert an. Sie erinnern sich? Robert hat gegen alle Absprachen die gesamte Projektpräsentation übernommen.

Status innen hoch – außen hoch

Elfi ist ohne Selbstzweifel von der Richtigkeit überzeugt, dass sie jetzt das Sagen hat (innen hoch). Sie wischt dominant, aber freundlich Roberts Plan beiseite, alleine zu präsentieren, indem sie das weitere Vorgehen klar kommuniziert und unerschrocken die Szene bestimmt (außen hoch). Elfi weiß: Sympathiepunkte wird ihr das bei Robert nicht einbringen.

BEISPIEL

»Robert, stopp! Danke für die klare Einleitung. Ich schildere jetzt die Details unserer ersten beiden Projektphasen. Wir sind darin zu folgenden hervorragenden Ergebnissen gekommen: ...«

Status innen hoch – außen tief

BEISPIEL

»Robert, dank deiner Ausführungen ist mir noch einmal sehr bewusst geworden, was wir da entwickelt haben. Ich glaube, es ist der Beginn einer ganz neuen Ära! Ich freue mich schon jetzt auf die weitere Arbeit mit dir.«

Elfi überlässt damit Robert die Präsentation und findet es großartig, wie er das macht. Sie nimmt sich bewusst zurück und fühlt sich dabei gut. Ihr Selbstbewusstsein bleibt unerschüttert stabil (innen hoch). Außerdem teilt sie ihm ihre Wertschätzung mit und signalisiert ihm vor der Projektleiterin ihr Vertrauen in die gemeinsame Arbeit. Sie nimmt sich äußerlich also zurück (außen tief).

Dieses Verhalten führt zu Respekt und gleichzeitiger Sympathie.

Status innen tief – außen hoch

BEISPIEL

> Elfi spricht mit lauter, vorwurfsvoller Stimme und hochrotem Kopf: »Robert, wir hatten das doch ganz anders abgesprochen. Du bist unfair und nimmst dir die Bühne, wie es dir gerade gefällt. Inhaltlich fehlt übrigens noch die Hypothese über die zukünftige Entwicklung ...«

Elfi ist zutiefst enttäuscht und zornig. Sie sieht ihre Felle davonschwimmen. Ihr gehen die Emotionen durch – Tonfall! – und sie versucht das mit einer dominanten Außendarstellung zu kompensieren (innen tief). Sie schreckt nicht davor zurück, Robert vor der Projektleiterin heftig zu kritisieren und ihm mit ihrer vorgetäuschten Dominanz einen Gesichtsverlust zuzufügen (außen hoch). Damit erreicht sie jedoch vor allem Eines: Sie disqualifiziert sich selbst.

Dieses Verhalten kostet Elfi alles: Respekt, Sympathie und darüber hinaus auch noch ihre Glaubwürdigkeit.

Status innen tief – außen tief

BEISPIEL

> Elfi bleibt passiv, bis Robert alles gesagt hat. Mit hängenden Schultern, verhauchter Stimme, verlegenem Blick und unsicherem Lächeln sagt sie dann: »Robert hat das perfekt dargestellt. Dem kann ich nichts weiter hinzufügen.«

Elfis Körpersprache und Stimme signalisieren Unsicherheit und mangelndes Zutrauen in sich selbst. Sie stellt ihre Interessen und Ziele hinten an (innen tief). Mit ihrem mutlosen Verhalten wirkt sie auf andere wie ein hilfloses Mäuschen, das sich unterwirft und das weiter nichts Eigenes hinzufügen kann. Sie zeigt kein eigenes Bedürfnis oder Ziel. Sie macht sich klein und profillos (außen tief).

Dieses Verhalten kann ihr die Sympathie erhalten, kostet sie aber Respekt.

Gibt es eine ideale Statuskombination?

Meistens will ja jeder von allem das Beste, und so verhält es sich natürlich auch, wenn es um das Miteinander mit anderen geht: Wenn Sie beides – Sympathie und Respekt – wollen, also gemocht und geachtet sein möchten, bietet sich der Mix »außen tief« und »innen hoch« an. Sie brauchen dafür eine tiefe Zuversicht in sich selbst, Klarheit über Ihre Ziele und Absichten, Sie nehmen Ihre Bedürfnisse ernst und stehen für sie ein. Gleichzeitig gehen Sie äußerlich in den Tiefstatus, mit einem hohen Maß an Wertschätzung für den anderen: Sie sind höflich, anerkennend und freundlich. Sie verhalten sich diplomatisch, lassen den anderen also gut aussehen und gestalten die Beziehung unbedingt positiv. Klingt anspruchsvoll? Ist anspruchsvoll! Wie es funktionieren kann, zeigt das folgende Beispiel.

BEISPIEL

> Stellen Sie sich vor, Sie kommen mit einer Wagenladung Gepäck im Hotel an. Es gibt keinen Gepäckservice. Jetzt sind Sie auf die Bereitschaft des Rezeptionisten angewiesen, Ihnen zu helfen, die Koffer und Taschen in Ihr Zimmer zu manövrieren. Sie wählen bewusst den Tiefstatus: Sie bitten den Hotelangestellten freundlich, Ihnen zu helfen. Sie signalisieren humorvoll-verzweifelt, dass Ihr vieles Gepäck Sie völlig überfordert und Sie ohne seine Hilfe aufgeschmissen sind. Er wird Ihnen helfen, nicht, weil es sein Job ist, sondern weil Sie ihn (authentisch!) wertschätzen und auf charmante Weise an seine Hilfsbereitschaft appellieren.

Solange introvertierte Menschen sich selbst als fehlerhaft, verkehrt oder als Mängelexemplar betrachten – weil sie sich nämlich mit dem extrovertierten Ideal vergleichen –, befinden sie sich im Status »innen tief«. Ihre Haltung ist rücksichtsvoll, passiv-abwartend, konfliktscheu. Um den Status »innen hoch« einnehmen zu können, braucht es ein neues Selbstverständnis: Selbstakzeptanz, Experimentierfreude und Freude über die Stärken des eigenen Introvertiertseins.

Sie als Introvertierter haben ja sowieso vor, sich mehr im Außen zu zeigen und vielleicht auch zu experimentieren. Das vertraute Innere kennen Sie bereits gut – also los ins Übungsfeld des Außen. Sie wissen jetzt bestens Bescheid über die verschiedenen

Statushöhen und -tiefen, über Dominanz oder Unterordnung. Bevor Sie starten, sollten Sie jedoch kurz noch einen weiteren sehr hilfreichen Status näher kennenlernen, der zwischen dem Hoch- und dem Tiefstatus liegt: der Gleichstatus.

Mit Harmoniegarantie: **der Gleichstatus**

Der Gleichstatus oder auch der Status »auf Augenhöhe« meint ein partnerschaftliches Miteinander. Die Kommunikationspartner rangeln hier nicht darum, wer sich letztendlich durchsetzt und den anderen dominiert, sondern sie akzeptieren sich als gleichwertig. Es geht also nicht darum, wer mehr im Recht oder schlauer ist oder wer die Rechnung zahlt. Es geht darum, wie man gemeinsam eine Situation erfolgreich löst.

BEISPIEL

Auf Augenhöhe mit seinen Mitarbeitern agiert der Vorgesetzte, der eben nicht den Chef raushängen lässt, sondern im Workshop mitmacht und genauso (dumme) Fragen stellt, wie alle anderen Teilnehmer auch.

Im Gleichstatus ist die Ärztin, die nicht ihren Wissensvorsprung ausspielt, sondern partnerschaftlich auf die Patienten eingeht, die sich ihrerseits nicht ehrfürchtig vor der »Göttin in Weiß« kleinmachen.

Auf Augenhöhe ist auch der Lieferant, der nicht vor Dankbarkeit zerfließt, weil er den Auftrag bekommen hat, sondern selbstbewusst weiß, dass der Kunde von seiner Leistung profitiert.

Keith Johnstone hat die Statusspiele zwischen Menschen anschaulich mit einer Wippe symbolisiert: Sinkt der eine ganz hinab in den Tiefstatus, schnellt der andere nach oben. Im

Gleichstatus balancieren die Kommunikationspartner ihren Status aus: Jeder ist mal ein bisschen oben, mal ein bisschen unten. Und jeder sorgt dafür, dass das Gefälle zueinander nicht zu groß wird. Das Ziel ist eine Win-win-Situation zu erreichen: dank einem flexiblen Anpassen an einen Partner, einem empathischen Erspüren, wie der andere gerade tickt oder sich fühlt (was für Sie als Introvertierter ein Kinderspiel ist), ohne dabei die Selbstakzeptanz zu verlieren (innen hoch!). Dieses Angleichen zeigt sich in unterschiedlichen Merkmalen: im Redetempo, in der Lautstärke, in der Bewegung, in der Art, wie man Raum einnimmt. Ist das Gegenüber eher im tiefen Status, gleicht man sich an, selbst wenn man gerade im Hochstatus war. Ist der andere eher im Status hoch, anerkennt man seine Höhe, ohne sich klein zu machen und wartet selbstbewusst auf den nächsten Spielzug – auf Augenhöhe eben.

Die Macht der kleinen Gesten

Wenn Sie nun – gestützt durch einen hohen inneren Status – beschlossen haben, mehr als bisher Einfluss nehmen zu wollen, und dabei auch einen höheren Status im Außen zu zeigen, ist die Palette Ihrer Verhaltensmöglichkeiten schier unendlich.

- Machen Sie sich nur einmal bewusst, wie Sie mit Ihrer Redezeit umgehen können: Jemand stellt Ihnen eine Frage und Sie lassen sich Zeit mit Ihrer Antwort. Sie erlauben sich nachzudenken, statt eilfertig und hektisch sofort zu reagieren. Sie sprechen so langsam, wie Sie es brauchen, mit Pausen, in denen die Gedanken bei Ihnen und Ihren Gesprächspartnern nur so gedeihen. Sie nehmen sich Zeit – ohne sich zu sorgen, ob Sie damit zu lange im Mittelpunkt stehen. Wenn Sie einen hohen Status zeigen wollen, wäre eine solche Sorge auch völlig unbegründet.

- Sie sprechen mit einer klangvollen Stimme, die nicht unbedingt laut sein muss, aber auch nicht gehaucht sein sollte. Sie artikulieren deutlich. Wichtige Punkte heben Sie durch besondere Betonung, unterstützt durch eine passende Gestik, entsprechend hervor.

- Ihr Redebeitrag ist dank kleiner Anmoderationen oder Überleitungssätze klar strukturiert (Beispiel: »Achten Sie besonders auf folgende drei Dinge. Erstens: .... Zweitens: .... Drittens: ...«)

- Ihre Art, Platz im Raum einzunehmen, ist so selbstverständlich wie Ihre Atmung: Sie stehen zu Ihrer Körpergröße, ohne den Kopf einzuziehen – Sie machen sich nicht groß oder klein. Sie sind groß.

- Sie nutzen das Revier, in dem Sie sich gerade befinden: Sie wählen bewusst Ihren Sitzplatz aus in der Konferenz – in der ersten Reihe, nah am Chef oder am Wortführer, wenn Sie einen dominanten Status beanspruchen. Oder Sie suchen sich einen Platz gegenüber, wenn Sie auf Konfrontationskurs gehen möchten.

- Sie müssen ja nicht gleich mit der Faust auf den Tisch hauen, aber Sie nehmen sich den Platz für Ihre großen, gelassenen Gesten, mit denen Sie Ihre Aussagen unterstreichen.

- Mit Ihren Unterlagen, die Sie großzügig auf dem Tisch verteilen, kennzeichnen Sie, welchen Platz Sie für sich beanspruchen.

- Wenn jemand vor Ihrem Schreibtisch steht, erheben Sie sich ebenfalls, da Sie es nicht gerne haben, wenn jemand auf Sie herunterblickt. So, wie Sie sich umgekehrt zu einem Kind nach unten bücken, um auf gleicher Höhe zu sein.

Auch für die Statuskombination »innen hoch – außen tief« gibt es bewährte Verhaltensweisen, die Zuwendung, Höflichkeit und Präsenz signalisieren:

- Sie lassen Ihrem Gesprächspartner den Vortritt beim Betreten eines Raumes.

- Sie geben ihm zuerst die Möglichkeit zu berichten.

- Sie wenden sich ihm mit aller Aufmerksamkeit zu: Sie machen deutlich, dass Sie ihm zuhören, indem Sie nicken und das Gehörte mit z. B. »Hm« oder »Ah ja« bestätigen. Zusätzlich halten Sie Blickkontakt. Sie zeigen so, dass Sie in jeder Sekunde »dabei« sind.

Status-Flexibilität: die Kunst, Status gezielt einzusetzen

Status wird uns im Gegensatz zu Positionen und Posten nicht verliehen – weder vom Chef noch vom Bundespräsidenten und auch nicht per Arbeitsvertrag. Status verleiht sich jeder in jedem Moment selbst! Für unseren Status sind wir also selbst verantwortlich. Und nur wir allein können ihn ändern, wenn wir nicht mit ihm einverstanden sind. So kann es z.B. sein, dass ein Mitarbeiter im Gespräch mit seinem Chef Hochstatus hat, während der Vorgesetzte im Tiefstatus ist – was natürlich für Irritationen sorgen kann. Es ist zweifelsohne anstrengend, dieses Oben und Unten immer wieder auszutarieren. Je klarer Ihnen Ihre eigenen Statusspiele sind, desto höher ist Ihre Status-Flexibilität, d.h., desto leichter können Sie je nach Bedarf zwischen den einzelnen Status wechseln, um Ihre Ziele zu erreichen. Status ist damit jederzeit veränderbar. Und es lohnt sich, die eigene gewohnte Stellung innerhalb einer Gruppe oder gegenüber einer bestimmten Person zu variieren und Neues zu wagen. Mit einer neuen Einstellung gegenüber uns selbst oder unseren Mitmenschen können wir ganz andere Verhaltensweisen für uns entdecken und damit neue Signale setzen.

Überlegen Sie, in welcher Situation Sie einmal ein anderes als Ihr übliches Verhalten zeigen wollen. Vielleicht finden Sie es sogar spannend zu entdecken, in welchen Situationen Sie einfach darauf verzichten können, sympathisch gefunden zu werden, wann Ihnen Respekt wichtiger ist.

> Also, Introvertierte aufgepasst: der Dreiklang der Status-Kommunikation lautet: 1. Regeln verinnerlichen. 2. Die Regeln neu für sich gestalten, und zwar mit einer ressourcenreichen Vorstellung von sich selbst. 3. Neuen Status einnehmen – und üben!

Das A und O der Status-Flexibilität: Selbstannahme

Es ist förderlich, den inneren Status stets auf einem hohen Niveau zu halten. Das gelingt uns aber nur, indem wir lernen, die eigenen Stärken sowie auch unsere Schwächen zu akzeptieren. Sie ahnen es schon: Auch hier geht es wieder um die Selbstannahme, die Ihnen bereits des Öfteren in diesem TaschenGuide begegnet ist. Nur wenn wir uns mit all unseren Schwächen und Stärken annehmen, haben wir die Ressource, selbstbewusst in unterschiedliche Status zu wechseln.

Auf einen Blick: Raus aus der Graue-Maus-Zone
▪ Wenn leise Menschen sich sichtbarer machen wollen, nützt ihnen Know-how über das sog. Statusverhalten. Es bestimmt meist unbewusst darüber, wie wir von anderen wahrgenommen werden.
▪ Man unterscheidet Hoch-, Tief- und Gleichstatus. Je flexibler wir uns zwischen diesen Status bewegen können, desto eher können wir Einfluss nehmen und uns durchsetzen.
▪ Status ist abhängig von den eigenen Gedanken und der Einstellung zu sich selbst sowie von der Situation und unseren Gesprächspartnern. Er entwickelt sich im Inneren und zeigt sich im Außen.

Typische Herausforderungen meistern

Die in diesem Kapitel enthaltenen Strategien helfen stillen Menschen dabei, die typischen Herausforderungen des Alltags besser zu bewältigen, so z. B.

- unbeschwerter an neue Aufgaben heranzugehen,
- sich in Meetings intensiver einzubringen,
- Vielredner und Unterbrecher zu stoppen,
- leichter Kontakte zu knüpfen,
- besseres Selbstmarketing zu betreiben,
- sich die notwendigen Rückzugsmöglichkeiten zu sichern.

Mit Zuversicht und Mut an neue Aufgaben gehen

BEISPIEL

Carina kann vor lauter Nervosität kaum noch schlafen. Kommende Woche soll sie für ihren Arbeitgeber zum ersten Mal nach Paris reisen, um dort ihr neues Projektteam kennenzulernen. Carina hat die Aufgabe, mit diesem Team ein Marketingkonzept für den französischen Markt zu entwickeln.

Als ihr Chef ihr das Projekt angeboten hatte, war sie zunächst begeistert. Sie dachte: »Das könnte doch das Sprungbrett zu einer interessanteren und besser bezahlten Position werden ...« Da sich ihr Mann um Kinderbetreuung und Haushalt kümmert, ist Carina als Hauptverdienerin an finanziell attraktiven Optionen interessiert. Mittlerweile plagen sie jedoch viele Selbstzweifel. Zwar hat sie ihr Geschäft von der Pike auf gelernt und verfügt über langjährige Erfahrung. Ob das aber für dieses Projekt reicht? Und dann die Verständigung: Carina spricht gut Französisch und Englisch, aber vielleicht hätte sie erst noch ein halbes Jahr Business-Französisch lernen sollen. Und ob die Kollegen vor Ort nett zu ihr sind? Was ist, wenn die ständig ausgehen wollen? Und was wird aus ihrer Familie, wenn sie während der Woche drei Tage in Paris ist? Und überhaupt ...

Vielen Introvertierten geht es so wie Carina, wenn sie vor neuen Herausforderungen stehen.

Die größten Hürden für Introvertierte

- Sie haben Mühe damit, ihre Erwartungen an sich selbst und an denkbare Katastrophen auf ein realistisches Maß zu setzen.
- Sie zweifeln häufig an den eigenen Fähigkeiten und Potenzialen,
- Ihnen fällt es schwer, eine lösungsorientierte, optimistische Haltung zu entwickeln, statt über mögliche Probleme zu grübeln.

Strategie: Zu innerer Stärke und Gelassenheit finden im Ressourcen-Raum

Laden Sie sich mithilfe einer Imaginationsübung mit Kraft und Optimismus auf. Das liegt Ihnen nicht? Unwahrscheinlich, denn als Kind haben Sie es gekonnt. Schicken Sie Ihr Vernunftdenken vorübergehend in den Urlaub und probieren Sie es aus.

Wir alle verfügen in unserem Inneren über einen Raum, in dem all unsere Fähigkeiten, Erfolge, Ziele und Ressourcen verfügbar sind. Das ist unser Ressourcen-Raum. An Tagen, an denen uns fast alles gelingt und wir Schwierigkeiten gut meistern, sind wir in unserem Ressourcen-Raum – ganz im Einklang mit uns selbst. An Tagen, an denen wir uns nicht so kompetent, nicht so liebenswert finden und uns schwach, ahnungslos und unsichtbar fühlen, haben wir unseren Ressourcen-Raum verlassen. Das heißt aber nicht, dass er nicht da ist. Wir nehmen ihn nur nicht wahr und sind uns nicht bewusst darüber, dass er immer da ist. Wir wissen dann nicht, wer wir sind, was wir können, was uns zur Verfügung steht, was wir wollen. Dann wird es Zeit, den Ressourcen-Raum wieder zu betreten.

Imaginationsübung: Gestalten Sie Ihren Ressourcen-Raum
1. Suchen Sie sich einen ruhigen Platz, an dem Sie für die nächsten 30 Minuten ungestört sind und sich wohlfühlen. Schließen Sie die Augen und lassen Sie Ihrem inneren Erleben freien Lauf. Das können Sie gut – schließlich sind Sie introvertiert!
2. Richten Sie sich nun entspannt und genüsslich Ihren Ressourcenraum ein. Stellen Sie sich als Erstes einen leeren Raum vor, in dem Sie sich wohlfühlen würden. Er ist groß oder klein, hell oder dunkel, ganz wie es Ihnen gefällt.

Imaginationsübung: Gestalten Sie Ihren Ressourcen-Raum

3. Dann stellen Sie einen schönen Schreibtisch hinein. Platzieren Sie ihn dort, wo er für Sie gut hinpasst. Der Schreibtisch hat Schubladen rechts und links, auf jeder Seite mindestens fünf. Und nun füllen Sie die Schubladen mit Ihren positiven Eigenschaften, Fähigkeiten und Talenten. Sie brauchen noch mehr Schubladen? Nur zu.

4. An einer Wand hängen in schönen Rahmen Erinnerungsfotos und Urkunden. Erinnern Sie sich nun an Ihre fünf bis zehn wichtigsten Erfolge und guten Momente der letzten Jahre, sowohl im Beruflichen als auch im Privaten. Lassen Sie sie langsam vor Ihrem inneren Auge auftauchen. Dann setzen Sie sie jeweils in einen Rahmen, den Sie liebevoll polieren, bevor Sie das Bild an die Wand hängen.

5. Im Raum steht auch ein schönes und bequemes Sofa, vielleicht sogar eine Sitzgruppe mit schönen Sesseln. Nun lassen Sie dort Menschen Platz nehmen, die Ihnen Rückendeckung und Halt geben. Wer in Ihrem Leben schätzt Sie genauso, wie Sie sind? Auf wen können Sie sich verlassen? Wer ist überzeugt und angetan von Ihren Talenten und Fähigkeiten? Wer liebt Sie bedingungslos? Laden Sie Ihre größten Fans ein, lassen sie es sich bequem machen und Sie aufmunternd anlächeln.

6. Der Raum wird durch einen prachtvollen Kronleuchter geschmückt. Er ist wie ein Leitstern für Sie. Nun überlegen Sie: Was ist mir wichtig im Leben? Woran glaube ich? Was liegt mir am Herzen? Wie will ich dem Leben und den Menschen begegnen? Ihre Vorstellungen sind die einzelnen Leuchten oder Kristalle an Ihrem Kronleuchter.

7. Zum Abschluss stellen Sie ein Porträt von sich auf den Schreibtisch. Ihr Lieblingsbild – einerlei, ob es vom Fotografen stammt oder ein Schnappschuss, ein Selfie ist. Sehen Sie es an und fühlen Sie: Das bin ich und das ist gut so. Ich bin gut, so wie ich bin.

(Nach einer Idee von Diana Dreeßen: Mach dich unbeliebt und glücklich; S. 41 ff.)

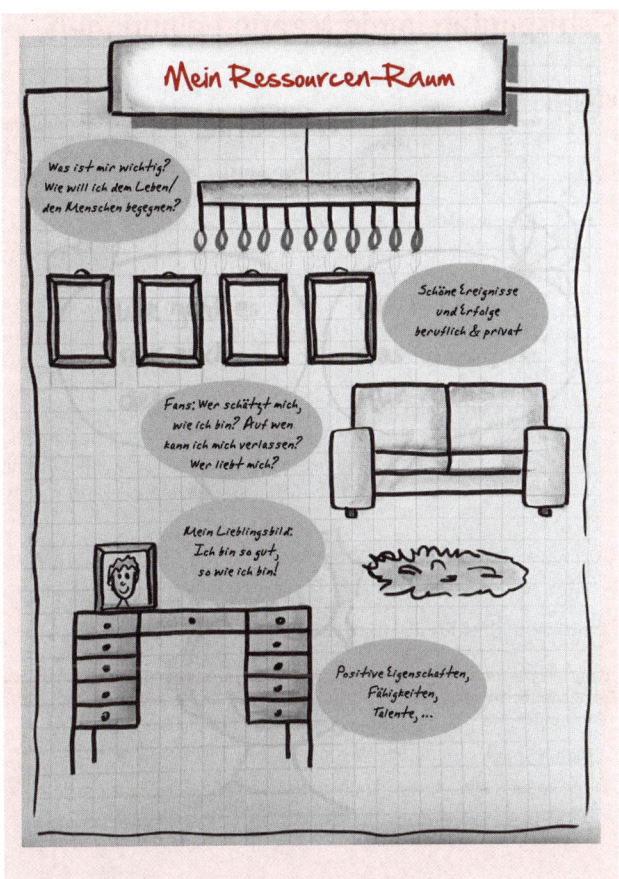

Ressourcen-Raum

Sich spontan in ein Meeting einbringen

BEISPIEL

> Das Abteilungsmeeting ist in vollem Gange. Als wichtigster Tagesordnungspunkt soll heute besprochen werden, wie die Kundenzufriedenheit auf ein akzeptables Niveau gebracht werden kann. Schon reden alle durcheinander, denn hier gibt es so Einiges an Zündstoff. Karsten sitzt still in der Runde. Ideen zur Verbesserung hätte er schon, aber er hält sich lieber zurück: Erst einmal hören, was die anderen sagen. Leider haben die Kollegen auch ganz gute Ideen. Karsten kommt sich blöd vor, wenn er nur an etwas anknüpft, was schon thematisiert wurde. Da muss er seinen Senf nicht auch noch dazugeben. Und ob seine eigenen Ideen wirklich so viel besser sind? Was ist, wenn er die anderen nicht sofort überzeugen kann oder er etwas nicht bedacht hat? Dann steht er schlecht da, vor allem vor seinem Chef. Vielleicht sollte er die anderen einfach machen lassen. Ihm ist sowieso unwohl, wenn plötzlich alle auf ihn schauen. Und so sagt er – wieder einmal – nichts.

Trotz guter Ideen fristen Introvertierte in Meetings oft ein Mauerblümchendasein und sind frustriert, weil sie mit ihren Fähigkeiten und ihrer Kreativität nicht zur Geltung kommen.

Die größten Hürden für Introvertierte

- Ihr eigener Anspruch, etwas 100 %iges, Perfektes, absolut Überzeugendes sagen zu müssen, hemmt sie.
- Sie können nur schwer mit der plötzlichen Aufmerksamkeit anderer umgehen.

Strategie: Sichtbar werden auf introvertierte Art

Wer den großen Sprung ins kalte Wasser scheut, kann sich stattdessen mit kommunikativer Salamitaktik sichtbar machen.

Die folgenden Strategien helfen Introvertierten, andere sanft zum eigenen Beitrag zu führen oder durch Steuerungsfragen wichtige Impulse zu setzen, ohne gleich die ganze Diskussion zu entern. Probieren Sie einige von ihnen doch mal im nächsten Meeting aus.

Sichtbar werden – Strategien

Den eigenen Redebeitrag anmoderieren – Beispiele

- Es gibt hier einen Punkt, den wir beachten sollten: ...
  (→ Fokus setzen)
- Ich höre erst einmal zu und sage am Ende etwas dazu.
  (→ Zeitdruck herausnehmen)
- Es ist erst einmal nur eine Idee, nichts Endgültiges.
  (→ Perfektionsanspruch reduzieren)

Die Diskussion durch strukturierende Fragen unterstützen – Beispiele

- Was ist jetzt das Ziel?
- Wo stehen wir jetzt im Hinblick auf unser Ziel/eine Lösung?
- Haben wir alles, was wir für eine Entscheidung brauchen?

Verständnisfragen stellen – Beispiele

- Was genau ist mit XY gemeint?
- Inwieweit gehört das noch zum Thema?
- Welche Erfahrung haben Sie damit gemacht?

Die eigene Kompetenz betonen – Beispiele

- Im letzten Projekt habe ich eine gute Erfahrung dazu machen können.
- Das sehe ich genauso wie Frau Z, weil ...

Vorbereitete Beiträge – Beispiele

Flipchart, PowerPoint, Plakate, Handouts

Vielredner stoppen

BEISPIEL

Sabine sitzt angespannt in der Besprechung. Sie möchte gerne auch etwas zur Diskussion beitragen, aber sie kommt einfach nicht zu Wort. Vielleicht gleich, wenn die Kollegin Schönweitz endlich mit ihrem Monolog fertig ist. Sabine wartet auf einen Moment, in dem die Kollegin Luft holt. Aber da fällt der Schönweitz schon Herr Wurzer ins Wort und holt zu einer Gegenargumentation aus. Unmöglich, so will Sabine nicht sein. Wurzer ist rhetorisch sehr geschickt, alle hören gebannt zu. Da kann sich Sabine auch nicht dazwischen drängeln, oder? Erst mal abwarten, vielleicht ergibt sich gleich noch eine Möglichkeit. Aber da zeigt der Chef auf die Uhr: nur noch 10 Minuten. Jetzt braucht Sabine auch nicht mehr groß anzufangen.

Zurückhaltung plus Zartgefühl plus Harmoniebedürfnis: Das ist die Formel, die Introvertierte in lebhaften Diskussionen schnell zur Randexistenz werden lässt.

Die größten Hürden für Introvertierte

- Sie empfinden es als unhöflich und rücksichtslos, andere im Redefluss zu stoppen.
- Sie haben Schwierigkeiten damit, spontan zu handeln und den richtigen Einstiegspunkt zu finden.

Strategie: Gesprächsführung übernehmen und strukturieren

Introvertierten fällt es schwerer als anderen, einen Einstiegspunkt in lebendigen Gesprächen oder Meetings zu finden. Mit den folgenden Techniken gelingt dies auf leise Art.

Strategien: Gesprächsführung übernehmen

Mitgehen und übernehmen

Zuhören, Redner kurz unterstützen z. B. mit: »Ja, das ist wichtig«, »Okay/
Gut ...«, »Ja, *und* ...«

Wenn der andere Luft holt, können Sie mit Ihrem Beitrag einhaken,
ohne die Stimme zu erheben oder bedrohlich zu werden. Einfach wei-
terreden. Der eigene Beitrag muss dabei nicht zwingend einen Bezug
zur Vorrede haben.

Zielgerichtete W-Fragen

- Wann werden Sie ...?
- Wozu brauchen wir ...?
- Welche Lösung ist ...?

Lange Antwortpassagen des Vielredners abkürzen

1. Einen Teil der Antwort mit eigenen Worten zusammenfassen: »Wenn
   ich Sie richtig verstanden habe ...«, »Du meinst also ...«.
2. Dann eigene Meinung äußern oder Frage anschließen.

Zeitvorgaben setzen

- »Wir haben jetzt noch 10 Minuten, um zu diskutieren.«
- »Eine abschließende Bemerkung noch: ...«
- »Ich habe nur noch Zeit bis ...«

Setzen Sie Zeitvorgaben konsequent um und halten Sie sich selbst ein.

Unterbrechung anmoderieren

- »Ich möchte jetzt auch zu Wort kommen.«
- »Ich muss Sie leider unterbrechen, weil ...«
- »Lassen Sie mich hier einhaken: ...«
- »Bitte entschuldigen Sie, wenn ich Sie unterbreche ...«
- Namentlich ansprechen, dadurch hört der andere meist auf zu reden:
  »Herr Meyer, ...«

Humor

»Hallooo – ich habe es verstanden!«

Aber Achtung: Humor funktioniert nur nach dem Prinzip Augenzwinkern.
Bleiben Sie dabei immer wertschätzend, werden Sie nicht ironisch oder
sarkastisch!

Kontakte knüpfen und Small Talk halten

BEISPIEL

Belohnung oder Strafe? In Conny regen sich widersprüchliche Gefühle. Ihre Chefin schickt sie zu einem zweitägigen Kongress, zu dem nur ausgesuchte Mitarbeiter dürfen. Das Ganze soll in einem Fünf-Sterne-Hotel stattfinden, Übernachtung inklusive. Einerseits freut sich Conny über die Anerkennung und die Möglichkeit, sich professionell und persönlich weiterzuentwickeln. Andererseits wird sie leicht panisch, wenn sie an die langen Pausen zwischen den Vorträgen denkt. Da wird sie wieder wie bestellt und nicht abgeholt herumstehen. Hoffentlich gibt es wenigstens Büchertische. Und dann der Abend: Geplant ist ein Galadinner mit anschließender Party. Sie kennt doch fast keinen. Was soll sie bloß mit den anderen reden?

Gesellschaftliche Anlässe und soziale Situationen ohne konkreten Sachbezug lösen bei vielen Introvertierten Ratlosigkeit und milde Panik aus.

Die größten Hürden für Introvertierte

- Sie haben Angst, abgelehnt zu werden oder nicht die richtigen Themen zu finden.
- Es bereitet ihnen Probleme, den Einstieg in ein Gespräch aus eigener Initiative zu finden.
- Es fällt ihnen schwer, über »unwichtige« Themen zu plaudern.

Strategie: Zum aktiven Small Talker in fünf Schritten

Small Talk ist kein Hexenwerk, wenn Sie wissen, wie Sie die Sache angehen können. Probieren Sie mal die folgenden Vorschläge aus und finden Sie Ihre Lieblingsvariante.

Leitfaden für gelungenen Small Talk

1. Die Einstimmung	Machen Sie sich bewusst, dass Small Talk eine wichtige Funktion hat. Er ist die Basis für private und berufliche Beziehungen, indem er Kontakt und eine freundliche Atmosphäre herstellt.
2. Der Anlauf	Initiative ergreifen und Kontakt aufnehmen ▪ Nehmen Sie Blickkontakt auf und lächeln Sie. ▪ Gehen Sie auf andere zu mit einer offenen, zugewandten und aufrechten Körperhaltung. ▪ In Gruppen: Zeigen Sie Aufmerksamkeitsreaktionen – nicken Sie oder lachen Sie mit.
3. Der Einstieg	Standardsätze nutzen Gegenüber Einzelpersonen: ▪ Universalschlüssel: »Woher kommen Sie?«, »Was machen Sie beruflich?«, »Was machen Sie, wenn Sie nicht arbeiten?« ▪ Selbstvorstellung: »Guten Tag, ich bin Franziska Schneider von der Niederlassung München. Ich arbeite dort im Support.« ▪ Um einen Gefallen bitten oder Hilfe anbieten: »Können Sie mir sagen, wo es hier nachher zum Abendessen geht?«, »Kann ich Ihnen den Weg zum Konferenzraum zeigen?« ▪ Angemessene und ehrliche Komplimente: »Ihr Vortrag war gerade sehr interessant.«, »Ihre Tasche ist sehr schön. Da passt sicher viel rein.« In Gruppen: ▪ Offene Fragen stellen (W-Fragen): »Wie finden Sie die Messe?« ▪ Eigene Meinung oder Erfahrung äußern: »Die Mitarbeiter an der Rezeption waren sehr freundlich, finde ich. Als ich ankam ...«

Leitfaden für gelungenen Small Talk

	▪ Fremde Meinung mitteilen: »Meine Kollegen haben mir gesagt, dass …« ▪ Persönliche Meinung äußern und Frage stellen: »Ich finde kleinere Hotels meistens gemütlicher. Und Sie?« ▪ Tatsache oder Gemeinsamkeit feststellen: »Wir scheinen ja alle aus XY zu kommen.« ▪ Aussagen anderer aufgreifen: »Sie sagen, der Vortrag hat Ihnen gefallen. Ich habe den Referenten schon vor zehn Jahren einmal gehört und …«
4. Verlauf gestalten	Weitere Themen finden. Als Small-Talk-Themen bieten sich an: ▪ aktuelle Ereignisse, Regionales, Sehenswürdigkeiten, ▪ Hobbys, Freizeitgestaltung, Kultur, Jahreszeit, Urlaub, ▪ Veranstaltung, Referenten, Gastgeber, Gebäude, Raum, ▪ gemeinsame Bekannte, gleiche/ähnliche Arbeitsgebiete oder Situationen. Tabu sind Politik, Religion, Geld, Kritik an Anwesenden, Lästern, Krankheit, Tod.
5. Der Ausstieg	Wertschätzend und entschlossen! ▪ »Es war nett, mit Ihnen zu plaudern. Viel Spaß noch.« ▪ »Ich habe einen Kollegen gesehen, den ich noch sprechen will, und verabschiede mich deswegen an dieser Stelle. Wir sehen uns sicher später wieder.« ▪ »Ich schaue mich dann mal weiter um. Vielen Dank für das nette Gespräch.«

Introvertierte sind gute Zuhörer. Nutzen Sie diese Fähigkeit und lassen Sie Ihrem Gesprächspartner einfach mehr Raum zum Erzählen. Dadurch wirken Sie sympathisch. So können Sie sich beim Small Talk etwas zurückziehen, ohne ganz auszusteigen. Steuern Sie das Gespräch durch Fragen zu den Themenaspekten, die Sie interessieren, dann kann es sogar sehr angenehm werden.

Selbstmarketing betreiben

BEISPIEL

Jörg hat gerade das Jahresgespräch mit seiner Chefin hinter sich. Der IT-Experte ist erleichtert, denn sie ist hochzufrieden mit seiner Leistung. Nur eine Sache moniert sie: Andere Abteilungen nehmen ihn nicht als Ansprechpartner wahr, so dass sie sich immer nur an seine Kollegen wenden, wenn sie etwas brauchen. Und die seien mittlerweile durch die Beanspruchung genervt. Das alles wurmt Jörg sehr. Was soll er machen, wenn seine gute Arbeit nicht reicht? Sich eine Neonreklame um den Hals binden? Außerdem ist er unsicher, was seine Chefin meint mit »er müsse sich besser verkaufen«. Er macht seine Arbeit wie alle anderen auch, das ist doch normal. Was soll er da groß verkaufen?

Die größten Hürden für Introvertierte

- Ihnen fällt es schwer, andere auf die eigenen Leistungen und Erfolge hinzuweisen.
- Es bereitet ihnen Schwierigkeiten, die eigenen Qualitäten und Leistungen anzuerkennen und zu würdigen.

Strategie 1: Persönliches Stärken-Portfolio

Selbstmarketing ist keine Marktschreierei, sondern ein gezieltes Hinweisen auf das, was Sie können und geleistet haben. Und das ist mehr, als viele bescheidene Introvertierte denken.

Erstellen Sie Ihr persönliches Stärken-Portfolio in folgenden Schritten.

Schritt 1: Selbstbewusstsein entwickeln

Welche Ihrer persönlichen Eigenschaften (Charakter, Persönlichkeit) und Fähigkeiten (soziale sowie fachliche Kompetenz, Selbststeuerung) verhelfen Ihnen regelmäßig zu guten Resultaten oder Erfolgen im Beruf? Erstellen Sie eine Liste nach diesem Muster:

Mein persönliches Stärken-Portfolio	
Gute Resultate und Erfolge:	Mein Beitrag dazu:

Das geht ganz einfach, wie Ihnen das folgende Beispiel zeigt.

Beispiel: Mein persönliches Stärken-Portfolio	
Gute Resultate und Erfolge:	Mein Beitrag dazu:
Ich habe gute Beziehungen zu Kunden und Kollegen, was vieles einfacher macht.	Ich bin offen und kann gut zuhören.
Ich habe eine interessante Position erreicht, die mir Spaß macht.	Ich bin zielorientiert und kann mich selber motivieren.

Schritt 2: Attraktiv für andere sein

- Welchen Nutzen bieten Sie dadurch für andere (Vorgesetzte, Kollegen, Kunden)? Was wird dadurch leichter, besser, überhaupt erst möglich? Was wird an Positivem bewahrt? Was an Negativem verhindert?

- Was hebt Sie von anderen ab? Was können Sie besser, fundierter, professioneller?

Formulieren Sie auch diese Punkte stichwortartig für sich aus.

Na, wie fühlt sich das an, wenn Sie Ihr Stärken-Portfolio vor Augen haben?

Nun kommt es darauf an, Ihre Stärken der Umwelt zu vermitteln. Nicht marktschreierisch, sondern auf Ihre Art. Und da gibt es viele Möglichkeiten, die Sie außerdem gut im stillen Kämmerlein vorbereiten können.

Strategie 2: Sichtbarkeitstournee starten

Auf welchen Bühnen könnten Sie mit Ihren Leistungen und Erfolgen sichtbar werden? Nutzen Sie folgende Anregungen, um Ihre ganz persönliche Sichtbarkeitstournee zu planen.

Möglichkeiten für Ihr Selbstmarketing

Erfolge kommunizieren

- Sich offen freuen und Erfolge feiern
- Erfolgreiche Projekte vorstellen
- Darüber reden: beim Kaffeetrinken oder Mittagessen
- Meilensteine präsentieren bei Projekten
- Bericht in Mitarbeiterzeitung, Intranet, Unternehmensblog usw.
- Jahresgespräch: eigene Leistung klar und selbstbewusst benennen

Sich als Experte profilieren

- Präsentationen halten (Vorbereitung möglich!)
- Wissen gezielt und aktiv anderen anbieten
- Verantwortung für ein Thema übernehmen
- Herzensthema oder zukunftsträchtiges Thema suchen und besetzen
- Multiplikatoren ansprechen und Schulungen abteilungsübergreifend anbieten
- Fachartikel und Meldungen, die Multiplikatoren interessieren könnten, in sozialen Medien teilen bzw. per E-Mail weitersenden

Netzwerke knüpfen

- Richtige Ansprechpartner kennen
- Kollegiale Kontakte pflegen
- Telefonate statt Mails
- Teilnahme an internen und externe Arbeitskreisen, Messen und Kongressen
- Interesse an anderen zeigen, zuhören können
- Teilnahme am Betriebssport
- Workshops, interne Seminare
- Teilnahme an Mentorenprogrammen für neue Mitarbeiter

Möglichkeiten für Ihr Selbstmarketing

Sich in Meetings positionieren und Präsenz zeigen

- Sich mindestens drei Mal pro Meeting zu Wort melden (Strichliste führen!)
- Sich nach vorne setzen, wo man für andere sichtbar ist
- Eigene Themen, Ideen, Meinungen einbringen
- Stellung nehmen zu anderen Wortmeldungen oder diese ergänzen
- To-dos nachhalten, auf Agenda achten
- Aktuelles (z. B. Projekt) mit »Herzblut« und Leidenschaft vorstellen
- Protokoll führen
- Sich an die Nummer eins wenden (Ranghöchster oder Alphatier)

Ihr »3x3«-Marketingplan

Wer sich zu viel vornimmt, verzettelt sich. Planen Sie Ihr Marketing für die nächsten drei Monate:

- Welche drei Maßnahmen wollen Sie in diesem Zeitraum umsetzen?

- Bei welchen Gelegenheiten wollen Sie das tun?

- Mit welchen konkreten Schritten wollen Sie Ihr Ziel erreichen?

- Woran werden Sie erkennen, dass Sie Ihr Ziel erreicht haben?

- Wie wollen Sie sich belohnen?

Gemeinsam auftreten mit Extrovertierten

BEISPIEL

> Barbara ist Diplom-Mathematikerin in einem internationalen Rückversicherungsunternehmen. Sie hat eine hohe Expertise und ihre Kompetenz wird für jedes Geschäft stark nachgefragt. Dennoch ist ihr häufig unbehaglich, wenn sie mit ihrem Kollegen Wolfgang zum Kunden fährt. Er übernimmt hier das Ruder, sprudelt nur so und ist als Verkäufer in seinem Element. Sie dagegen fühlt sich »klein und mickrig« und fürchtet nicht genug zu geben.

Die Herausforderung für Barbara besteht also darin, ihre introvertierte Haltung und ihre damit einhergehenden Stärken gezielt zu nutzen im Umgang mit einem extrovertierten Menschen.

Die größten Hürden für Introvertierte

- Sie fürchten, neben einem extrovertierten Kollegen nicht bestehen zu können.
- Sie neigen dazu, sich selber abzuwerten.
- Sie haben Schwierigkeiten, neben dem anderen in ihre eigene Rolle zu finden und eine für sich passende Gesprächsstrategie zu entwickeln.

Strategie: Sensibilität mit eigenen Sprechakten koppeln

Ein starkes Doppel: Wenn Introvertierte und Extrovertierte gemeinsam auftreten	
Beobachten	▪ Wie verhält sich der Dritte im Bunde, also der Kunde/der Mitarbeiter? Was verraten seine Mimik, seine Körpersprache, seine Worte? Wie lautet die zwischen den Zeilen liegende Botschaft? ▪ Wie reagiert der extrovertierte Kollege darauf? Reagiert er überhaupt?
Handeln	▪ Fassen Sie die eigene Beobachtung in Worte. ▪ Ziehen Sie immer wieder ein Zwischenfazit. ▪ Stellen Sie gezielte Lösungsfragen an die Mitstreiter. ▪ Geben Sie Feedback. ▪ Hören Sie aktiv zu. ▪ Fassen Sie zusammen, wie weit das diskutierte Thema gediehen ist. ▪ Fragen Sie, was noch fehlt. ▪ Leben Sie Rollenvielfalt als Moderator, als Spezialist oder als (Sparrings-)Partner.
Der Perfektionismusfalle entgehen	▪ Machen Sie sich das eigene Stärkenprofil, wie ein Chip unter der Haut, immer wieder bewusst – verinnerlichen Sie es. ▪ Lassen Sie gar nicht erst zu, dass Ihre Gedanken in den Vergleich mit dem Extrovertierten einsteigen. ▪ Bleiben Sie konsequent bei Ihren eigenen Interventionsmöglichkeiten und verbiegen Sie sich nicht, indem Sie die von Extrovertierten nachahmen.

Krafttankstellen und Ruhezonen finden

BEISPIEL

Es ist erst 14 Uhr, doch Sophie ist schon völlig fertig. Den ganzen Vormittag musste sie von einem Termin zum nächsten hetzen. Es gab jede Menge Blabla mit sehr vielen Menschen. Auch zwischen den Terminen keine Verschnaufpause: Auf dem Flur wurde sie von Kollegen angehalten und nach dem Stand des Projekts und einem guten Friseur gefragt, unterbrochen vom Handy-Klingeln. Nach Feierabend ist sie noch mit einer Freundin verabredet, die sie sehr mag und lange nicht mehr gesehen hat. Aber die Vorstellung, auch noch den Abend in Gesellschaft verbringen und mit jemandem reden zu müssen, lässt Sophie fast verzweifeln.

Introvertierte powern sich schnell aus, weil sie sich an den Rhythmus ihrer extrovertierteren Umgebung anpassen.

Die größten Hürden für Introvertierte

- Die eigenen Bedürfnisse nach Ruhezonen im Alltag ernst nehmen und sich kleine Auszeiten gönnen – ohne schlechtes Gewissen und ohne sich dabei unzulänglich zu fühlen.
- Mit dem sozialen Umfeld verhandeln, so dass alle Bedürfnisse ausbalanciert werden können – und der Intro nicht zum Einsiedlerkrebs wird ...

Strategie: Krafttankstellen einrichten

Schaffen Sie sich Inseln der Ruhe inmitten der alltäglichen Turbulenzen. Dazu gibt es mehr Möglichkeiten, als Sie denken.

Im Alltag

Überlegen Sie ohne Eile: Welche kleinen Rückzugsmomente und Regenerationspunkte können Sie in Tage einbauen, an denen Sie in Aktivitäten und Verpflichtungen eingebunden sind?

Beispiele:

- Eine kurze Trinkpause, in der Sie sich nur auf den Moment konzentrieren.
- Intensiv ein schönes Bild betrachten.
- Mit geschlossenen Augen die Lieblingsmusik hören.
- Mal kurz durch den Park spazieren.
- Kopfhörer aufsetzen und 5 Minuten aus dem Fenster schauen.
- Ein »Album der schönen Momente« anlegen (mit Bildern, getrockneten Pflanzen oder Speisekarten aus dem Urlaub, Eintrittskarten aus dem Museum usw.) und bei Bedarf darin blättern.

Weitere Reflexionsfragen:

- Wie können Sie Reize aus der Umgebung reduzieren? Auf welche Medien, Newsletter, Kommunikationsmittel, Kontakte, Aktivitäten usw. möchten Sie zumindest zeitweise verzichten?
- Wie sorgen Sie für Genuss im Alltag? Was gönnen Sie sich? Wie können Sie sich selbst ab und zu verwöhnen?

Zu Hause

Wie können Sie Ihr Zuhause so gestalten, dass es ruhig, erholsam und harmonisch für Sie ist?

Reflexionsfragen:

- Können Sie Inseln der Privatheit in Ihrer Wohnung schaffen? Wie können Sie Ihrer Familie bzw. Mitbewohnern wertschätzend vermitteln, dass Sie diese Inseln brauchen? Was wünschen Sie sich dazu von Ihrer Familie bzw. Ihren Mitbewohnern? Was sind Sie bereit zu geben?

- Wie können Sie Ihre Wohnung bzw. Ihren Lieblingsplatz so einrichten und gestalten, dass sie bzw. er Ihren Bedürfnissen entspricht? Welche Farben und Einrichtungsstile vermitteln Ihnen Ruhe und Geborgenheit?

- Welcher Grad an Klarheit tut Ihnen gut? Welche Möbel und Gegenstände brauchen Sie wirklich? Weniger ist mehr!

In Beziehungen

Wie können Sie Ihre Beziehungen so pflegen, dass Sie aus ihnen Kraft und Energie schöpfen, anstatt Sie auszulaugen?

Reflexionsfragen:

- Welche Beziehungen möchten Sie mit Tiefgang pflegen und vielleicht sogar intensivieren, weil sie Ihr Leben bereichern? Welche oberflächlicher, weil sie Ihnen nicht so wichtig sind? Auf welche sozialen Kontakte möchten Sie verzichten oder welche wollen Sie knapp halten, weil sie Ihnen Energie rauben?

- Auf welche Art und Weise wollen Sie Ihre persönlichen Kontakte gestalten? Wen möchten Sie in welcher Umgebung treffen? Wie viele Personen auf einmal sind Ihnen angenehm?

- Welche neuen Kontakte würden Ihnen guttun? Wo und auf welche Art können Sie diese Kontakte knüpfen?

- Welche Kontakte vertragen auch digitale Kommunikation, zumindest ab und zu, weil Sie das in Ruhe und mit gewisser Distanz machen können?

- Wie schaffen Sie eine Balance zwischen Alleinsein und Zusammensein?

In der Freizeit

Reflexionsfragen:

- Welchen Interessensgebieten wollen Sie Zeit und Raum in Ihrem Leben einräumen, weil sie Ihnen Spaß machen und dadurch Kraft geben?

- Welche Freizeitaktivitäten passen zu Ihnen?

- Welche Orte und Umgebungen lassen Sie zu sich selbst kommen?

- Auf welche Aktivitäten können Sie verzichten? Welche würden Ihnen überhaupt nicht fehlen?

- Welche Ihrer Vorlieben können Sie gemeinsam mit anderen pflegen? Mit wem konkret?

Im Job

Reflexionsfragen:

- Wie können Sie Ihren Arbeitsplatz optisch und räumlich so gestalten, dass Sie mehr Ruhe und Klarheit haben? Können Sie vielleicht Ihren Schreibtisch anders platzieren?

- Können Sie sich während des Arbeitstages kleine Auszeiten nehmen, die nicht weiter auffallen? Beispiele: die kleine »Raucherpause«, auch ohne zu rauchen; zur Toilette gehen ganz ohne Anlass; Getränk holen.

- Für welche wichtigen Aufgaben (z. B. Konzepte, kreative Ideen ausarbeiten, viele/komplexe Daten analysieren) brauchen Sie mehr Ruhe und Rückzugsmöglichkeiten, damit Sie konzentrierter und effektiver arbeiten können? Welche Kollegen und Vorgesetzte sollten Sie darauf ansprechen, dass Sie ungestörte Arbeitsphasen brauchen? Wie könnten Sie das organisatorisch gemeinsam mit ihnen lösen? Könnten Sie z. B. ruhigere Randzeiten (z. B. frühmorgens) dafür nutzen?

> Gestalten Sie Ihre Krafttankstellen aktiv und bedenken Sie gleichzeitig, dass es den Idealzustand dauerhaft nicht gibt. Seien Sie auch zu Kompromissen bereit, damit Sie sich nicht in Ihrer Komfortzone isolieren und einigeln. Reservieren Sie bewusst Zeitfenster, an denen Sie Ihre Kontakte pflegen. Umso eher kann Ihr Umfeld Ihre Rückzugsbedürfnisse und Grenzen akzeptieren.

Prinzipien für mehr Präsenz

Prinzip Nr. 1: Akzeptiere dich so, wie du bist

Sie sind introvertiert. Punkt. Sie sind kein Mängelexemplar, nur weil Sie sich nicht so locker und kontaktfreudig durch den Alltag bewegen wie Extrovertierte. Aufgrund Ihrer Introversion haben Sie viele Stärken, die Extrovertierte nicht haben. Sie haben daneben auch einige Schwächen – na und?

Souveräne Menschen ruhen in sich selbst. Nicht weil sie die Größten sind oder annehmen, es zu sein, sondern weil sie sich akzeptieren. Sie sehen sich als wertvolle Menschen, ohne dafür ständig etwas Besonderes leisten oder fehlerfrei sein zu müssen. Sie stehen zu ihren Stärken und zu ihren Schwächen. Sie glauben an sich und ihr Können, ohne alles können zu müssen. Sie wissen, wer sie sind. Sie fühlen sich lebendig, weil sie ihre Bedürfnisse wahrnehmen und so weit wie möglich danach leben. Sie wissen, wie sie sich Freude machen können und was sie begeistert. Im Gefühl der Freude sind wir nämlich einfach nur wir selbst und stellen uns nicht infrage.

Sich zu akzeptieren bedeutet nicht etwa Stillstand in der persönlichen oder fachlichen Entwicklung. Es bedeutet, sich schon heute und ohne diese Dinge in Ordnung und liebenswert zu fühlen.

Mein Mantra: Ich bin gut, so wie ich bin.

Prinzip Nr. 2: Übernimm Verantwortung

Auch wenn Sie nun mal so sind, wie Sie sind: Das heißt nicht, dass Sie nicht auch etwas verändern können. Klar, natürlich nicht alles und in jedem beliebigen Ausmaß. Mit einer Körpergröße von 1,68 Metern würden Sie ja auch nicht ernsthaft von einer Karriere als Basketballprofi in der amerikanischen NBA-Liga träumen, oder? Nicht jeder kann Dirk Nowitzki sein.

Verantwortung zu übernehmen bedeutet, nach Änderungs-, Lösungs- und Einflussmöglichkeiten zu suchen und sich nicht in die Opferhaltung zu begeben. Selbsternannte Opfer sind Meister darin, alles beim Alten zu belassen. Wie machen sie das? Sie fokussieren sich besonders auf Umstände, die schwierig oder nicht änderbar sind, sie verneinen ihre Fähigkeiten oder andere Optionen. Die Umstände oder die anderen sind schuld. Sollen die doch die Probleme lösen.

Übernehmen Sie Verantwortung. Sie können etwas bewirken. Machen Sie sich das bewusst. Setzen Sie sich realistische Ziele und schauen Sie, wie Sie diese Ziele erreichen können, selber oder mit Unterstützung von anderen. Und Sie müssen nicht alles auf einmal schaffen oder über Nacht. Selbst der liebe Gott hat sich sieben Tage Zeit gegeben.

> Mein Mantra: Change it, love it, leave it!

Prinzip Nr. 3: Nutze die Möglichkeiten

Introvertierte bereiten sich gerne gut vor, planen minutiös die Details, sind für jede Eventualität gewappnet. Nur bei der Umsetzung in die Praxis hapert es oft, weil im entscheidenden Moment die Selbstzweifel kommen: Habe ich an alles gedacht? Kann ich das wirklich? Was ist, wenn es schiefgeht? Da verfährt man dann doch lieber nach dem Prinzip der Scarlet O`Hara im Filmklassiker »Vom Winde verweht«: Morgen ist auch noch ein Tag ... An dem sich dann aber auch nichts ändern wird.

Introvertierte pflegen und hegen ihre Bedenken nur allzu gern, denn das schützt sie davor, zur Tat schreiten zu müssen. Wer ihnen Lösungen vorschlägt, an ihre Wünsche appelliert, sie ermutigt, dem schallt deshalb oft ein »Ja, aber« entgegen. Selbst die Gutwilligen im sozialen Umfeld verlieren da auf Dauer die Geduld, sind frustriert oder fühlen sich zurückgewiesen. Und der Introvertierte? Er ist auch nicht glücklich. Er spürt tief drinnen, dass er eine Chance nicht genutzt hat – und leidet natürlich darunter, dass er bei anderen auf Unverständnis stößt.

Die Möglichkeiten nutzen heißt: Werden Sie aktiv, ergreifen Sie Gelegenheiten beim Schopf, probieren Sie etwas aus, auch wenn Sie noch keinen Masterplan dafür haben. Deklinieren Sie nicht jedes Problem bis ins kleinste Detail durch, sondern fokussieren Sie sich mehr auf Ihre Wünsche, Ziele und Chancen. Legen Sie die innere Zensurschere in die Schublade und lassen Sie sich auf die Situation ein.

Mein Mantra: Just do it.

Prinzip Nr. 4: Zeige deine Emotionen

Introvertierte sind stark auf ihre inneren Prozesse konzentriert. Das führt dazu, dass weniger Gefühlsregungen nach außen dringen als bei Extrovertierten. Andere merken das an der deutlich zurückgenommenen Körpersprache: ein eher starrer Gesichtsausdruck, wenig Blickkontakt, verhaltene Gestik. Dazu kommt eine monotone oder leise Stimme. Das Umfeld erlebt introvertierte Menschen dadurch oft distanziert und abweisend, was aber nicht den tatsächlichen Gegebenheiten entspricht. Der Kontakt zu anderen wird dadurch leider nicht leichter.

Wenn Sie mehr Präsenz erreichen möchten, kommen Sie öfter einmal aus Ihrem Schneckenhaus heraus und würzen Sie Ihre Aussagen mit mehr emotionalem Ausdruck. Dabei kommt es nicht darauf an, dass Sie mit der extra-temperamentvollen Barbara Schöneberger oder dem Stadien füllenden Komiker Mario Barth gleichziehen. Es geht vielmehr darum, den Inhalt des Gesagten zu unterstreichen, ihn glaubwürdiger zu machen und Aufmerksamkeit zu gewinnen. Wie das funktioniert, wissen auch Introvertierte intuitiv: Freude zeigt sich im Lachen und den strahlenden Augen, Ärger und Unzufriedenheit im ernsten Gesichtsausdruck und einer energischen Stimme, Überzeugung und Begeisterung in einer kräftigen Lautstärke und lebendigen Betonung – nur um ein paar Beispiele zu nennen.

Wenn Sie auf einfache Art eine Verbindung zu anderen Menschen herstellen möchten, setzen Sie auf positive Emotionen! Menschen, die positive Gefühle zeigen, werden nämlich als besonders anziehend wahrgenommen. Freuen Sie sich, haben Sie Spaß, begeistern Sie sich. Die gute Grundstimmung überträgt sich auf Ihr Umfeld und Sie bleiben als die Person im Gedächtnis, mit der man gerne zu tun hat. Lächeln Sie die Menschen an. Sie werden sehen: Die meisten lächeln zurück. Auf diese Art können Introvertierte trotz ihrer Neigung zu Distanz gute Kontakte knüpfen.

Mein Mantra: Lass es raus!

Prinzip Nr. 5: Sei auch mal mittelmäßig und lass Fehler zu

Introvertierte liefern starke Leistungen. Der Grund dafür ist ihre Haltung, sich immer gründlich in ihr Thema einzuarbeiten und niemals weniger als optimale Ergebnisse anzustreben. Der Vorteil davon ist das Ergebnis: Note 1 mit Sternchen. Der Nachteil daraus ist, dass sie auf dem Weg zu diesem Ergebnis oft unsichtbar bleiben und unterwegs von spontanbereiten Extros in den Schatten gestellt werden. Diese sind ja viel eher fähig, bereits im Vorfeld auf ihr Vorhaben den Scheinwerfer der Aufmerksamkeit zu richten und anzukündigen, was sie gerade in der Mache haben. Das mag den Introvertierten wurmen, aber anzuerkennen bleibt, dass dieses Vorgehen andere (den Chef, die Kollegen etc.) gedanklich teilhaben lässt und sie damit integriert. So entsteht etwas Gemeinschaftliches – sei es eine Art gemeinsame Vorfreude oder sei es Kooperation. Dieses Gemeinschaftsgefühl kann auch ein introvertierter Mensch erleben, wenn er sich davon verabschiedet, ein fehlerfreies, hundertmal überarbeitetes, perfektes Gesamtergebnis abzuliefern.

Nun fragen Sie sich als Introvertierter vielleicht: Wie soll denn das gehen? Nun ja, als Chirurg werden Sie auch weiterhin eine Null-Fehler-Quote anstreben müssen, genauso als Programmierer, Controller oder Pilot. Aber es gibt Arbeitssituationen, in denen Sie sich erlauben dürfen, weniger als 150 Prozent für Ihre Zielerreichung zu geben: seien es Meetings, in denen Sie einen noch nicht fix und fertig ausgereiften Gedanken äußern, seien es Vorschläge im Brainstorming-Prozess, die später vielleicht einfach wieder verworfen werden, oder sei es eine Präsentation, in der Sie glänzen, gerade weil Ihr Vortrag nicht perfekt ist: Sie wirken menschlich, wenn Sie sich mal versprechen, und haben die Lacher und die Sympathien auf Ihrer Seite, wenn Sie ungewollt Situationskomik produzieren.

Und so viel ist gewiss: Ein Fehler ist kein Verbrechen. Im Gegenteil: mit ihm konstruktiv umzugehen, bringt Sie möglicherweise zu einer guten neuen Entdeckung – der Entdeckung der Spontaneität. Zeigen Sie sich und Ihre Leistung bereits auf dem Weg zum Endergebnis, dann gewinnen Sie Unterstützung und Teamerfahrung.

Auch wenn Sie den Zensor in Ihrem Kopf nie ganz ausschalten werden, Sie können ihn ruhigstellen. Und wahrscheinlich machen Sie eine positive Erfahrung, weil Sie aus der Deckung gekommen sind.

Mein Mantra: No risk, no fun!

Prinzip Nr. 6: Bring dich ins Spiel

Sie wissen es bereits: Die Sichtbarkeit – oder besser die fehlende Sichtbarkeit – ist DAS Thema der Introvertierten. Sie sollten sich ins Spiel bringen, sich zeigen. Dieses Prinzip kann als ein permanenter Appell gelten, den Sie selbst an sich richten. Aber überfordern Sie sich nicht! Folgen Sie dabei auch Ihren Bedürfnissen: Brauchen Sie Ruhe und Erholung? Verdauen Sie gerade den Trubel eines Meetings? Es ist völlig okay, in solchen Situationen zurückgezogen zu bleiben und sich zu distanzieren, um die Energiereserven wieder aufzufüllen.

Da Sie diesen TaschenGuide zur Hand genommen haben, hätten Sie es das eine oder andere Mal sicherlich auch gern anders. Sie wissen vielleicht noch nicht so genau, wie? Wie wäre es, wenn Sie die nächste Unterhaltung mit Ihrer Kollegin oder Ihrem Freund *nicht* beginnen mit: »Wie geht es dir?«, und dann *nicht* so wunderbar zuhören, wie das Introvertierte können mit ihren kleinen Kommentaren und Spiegelungen. Sind Sie ausgeruht und voller Power, starten Sie doch das nächste Mal mit: »Ich muss dir was erzählen! Hör mal, was mir passiert ist: ...« Begeben Sie sich in den Strom einer Erzählung und ziehen Sie die Aufmerksamkeit auf sich. Möglicherweise genießen Sie Ihr eigenes Fabulieren, Ihre ausführliche Beschreibung, die spontan eingestreuten Beispiele, Ihren Spaß an der Wortwahl, Ihre Stimme, die plötzlich dynamisch oder melodisch klingt, Ihre Handbewegungen, die automatisch alles unterstreichen. Sie experimentieren mit kleinen Übertreibungen und setzen zu einer Pointe an. Dabei ist es völlig egal, ob diese gelingt. Sie sind von Ihrer eigenen Erzählkunst geflasht! Und jetzt erst stellen Sie Ihre alten Lieblingsfragen: »Was sagst du dazu?«, oder: »Was rätst du mir?«, »Was kann ich tun?«.

Wagen Sie es doch einmal, einen Witz zu erzählen. Nein, keinen Zweizeiler (»Was tut ein Introvertierter auf dem Münchner Oktoberfest? Er bestellt sich ein Bier to go.«), sondern einen richtig langen, bei dem Sie an jeder Ecke ins Ausmalen kommen müssen, damit es Sinn ergibt, und der Sie zum Schluss mit der Pointe herausfordert. Gelungen? Vermasselt? Egal! …

> Mein Mantra: Probieren geht über Studieren.

Prinzip Nr. 7: Wecke das Kind in dir

Hingabe befeuert die Ausstrahlung. Das gilt natürlich für jeden Menschen. Die Lernkurve für Introvertierte könnte hier aber besonders steil ansteigen, sind sie doch eher für gründliche und ernsthafte Arbeit zu haben als für Begeisterungsstürme. »Begeisterung ist Dünger fürs Hirn«, sagt der Professor für Neurobiologe Gerald Hüther (Was wir sind und was wir sein könnten. Ein neurobiologischer Mutmacher, 2011, S. 92 ff.). Begeisterung meint: das tun, was einem am Herzen liegt, auf Entdeckungsreise gehen, raus aus der Routine hinein ins faszinierende Neuland, wo das emotionale Zentrum im Gehirn sich freut.

Wenn wir die Dinge tun, die wir für wirklich wichtig halten, also nicht bloß wie am Schnürchen funktionieren, sondern wenn wir mit Hingabe das tun, was uns begeistert, dann entfalten wir unser brachliegendes Potenzial und trainieren unser Gehirn, als wäre es ein Muskel. Dann sind wir nicht so leicht zu entmutigen durch einen schiefen Blick oder eine blöde Bemerkung. Wir verfolgen einfach das, was uns interessiert – ohne uns ständig selbst von der Seite zu beobachten und uns damit zu blockieren.

Als wir Kinder waren, war das der Motor für unser Tun und unser Sein: Wir wollten uns selber entdecken und unsere Umwelt gleich dazu. Alles war spannend und begeisternd. Im Laufe des Erwachsenwerdens ist dieser Spaß vor lauter Pflichterfüllung häufig auf der Strecke geblieben.

Nur wer begeistert das tut, was ihm wichtig ist, ist im Flow, im Fluss und kann auch andere mitziehen. Alles läuft dann wie von selbst. Die Arbeit, die Verantwortung, die Leistung werden zum »Kinderspiel«.

Mein Mantra: Jippie! Juchhu! Yeah!

Literatur

Branden, Nathaniel: Die 6 Säulen des Selbstwertgefühls, München 1995.

Cain, Susan: Still. Die Kraft der Introvertierten, München 2011.

Dölz, Susanne/Kauffmann, Carmen: Sich durchsetzen, 3. Auflage, Freiburg 2015.

Dreeßen, Diana: Mach dich unbeliebt und glücklich, München 2015.

Häusel, Hans-Georg: Brain View, Freiburg 2008.

Hüther, Gerald: Was wir sind und was wir sein könnten, Frankfurt a. M. 2011.

Hundt, Patrick: Kopfsache, Selbstverlag 2014.

Löhken, Sylvia: Intros und Extros, Offenbach 2014.

dies.: Leise Menschen – starke Wirkung, München 2015.

Märtin, Doris: Leise gewinnt, Frankfurt a. M. 2014.

Öttl, Christine/Härter, Gitte: Selbstmarketing, München 2005.

Schmitt, Tom/Esser, Michael: Statusspiele, Frankfurt a. M. 2014.

Schnack, Natalie: Leise überzeugen, Hannover 2014.

Wolf, Chris: Überzeugend leise!, Göttingen 2014.

Stichwortverzeichnis

Impressum

Bibliografische Information der Deutschen Nationalbibliothek
Die Deutsche Nationalbibliothek verzeichnet diese Publikation in der Deutschen Nationalbibliografie; detaillierte bibliografische Daten sind im Internet über http://www.dnb.dnb.de abrufbar.

Print:	ISBN: 978-3-648-10750-8	Bestell-Nr.: 10747-0001
ePub:	ISBN: 978-3-648-10752-2	Bestell-Nr.: 10747-0100
ePDF:	ISBN: 978-3-648-10751-5	Bestell-Nr.: 10747-0150

Susanne Dölz, Balda Seegert
Stark und präsent auf leise Art
1. Auflage 2018

© 2018, Haufe-Lexware GmbH & Co. KG, Munzinger Straße 9, 79111 Freiburg
Redaktionsanschrift: Fraunhoferstraße 5, 82152 Planegg/München
Internet: www.haufe.de
E-Mail: online@haufe.de
Redaktion: Jürgen Fischer

Konzeption, Realisation und Lektorat: Nicole Jähnichen, www.textundwerk.de
Umschlagentwurf: RED GmbH, Krailling
Umschlaggestaltung: Kienle gestaltet, Stuttgart
Satz: Reemers Publishing Services GmbH, Krefeld

Die Autorinnen

Susanne Dölz

ist Diplom-Pädagogin mit Ausbildungen in Transaktionsanalyse, Gruppendynamik, systemischer Beratung und Coaching. Seit 1993 ist sie Trainerin und Coach für Unternehmen und Organisationen. Mit ihrem Unternehmen SUSANNE DÖLZ Selbst-Führung unterstützt sie Fach- und Führungskräfte, den Herausforderungen der dynamisierten Arbeitswelt mit Klarheit und Gelassenheit zu begegnen. Themen sind u. a. Selbst-Coaching, Selbstmanagement, Stressbewältigung, Resilienz, Konfliktmanagement, Veränderungskompetenz.

Balda Seegert

ist Pädagogin und geprüfte Sprecherzieherin (Rhetorik, Stimme, Psychologie). Sie verfügt über Ausbildungen in Transaktionsanalyse, systemischem Coaching und Persönlichkeitsentwicklung. Seit 1996 ist sie selbstständige Trainerin und Coach mit folgenden Schwerpunkten: Führung von Mitarbeitern, persönliche Ausstrahlung, Selbstmanagement, Gesprächsführung und Konfliktmanagement.